L'ABBÉ BÉCOURT

ANCIEN CURÉ DE DUGNY

CURÉ DE NOTRE-DAME DE BONNE-NOUVELLE, À PARIS

MIS A MORT POUR LA FOI

Le 27 Mai 1871, à Paris

PAR E. ROLLAND

CURÉ DE DUGNY

DOCTEUR EN THÉOLOGIE

Vendu au profit du Monument de M. l'abbé Bécourt

PARIS

IMPRIMERIE-LIBRAIRIE DE L'ŒUVRE DE SAINT-PAUL

SOUSSENS ET Cie

51, rue de Lille, 51

1879

FLEURS SACERDOTALES

FLEURS SACERDOTALES

Déposées sur la tombe

DE

M. L'ABBÉ BÉCOURT

ANCIEN CURÉ DE DUGNY

CURÉ DE NOTRE-DAME DE BONNE-NOUVELLE, A PARIS

MIS A MORT POUR LA FOI

Le 27 Mai 1871, à Paris

PAR E. ROLLAND

CURÉ DE DUGNY

DOCTEUR EN THÉOLOGIE

Vendu au profit du Monument de M. l'abbé Bécourt

PARIS

IMPRIMERIE-LIBRAIRIE DE L'ŒUVRE DE SAINT-PAUL
SOUSSENS ET Cie
51, rue de Lille, 51

1879

PREMIÈRE PARTIE

———

LA VIE ET LA MORT

DE

M. L'ABBÉ BÉCOURT

ANCIEN CURÉ DE DUGNY

CURÉ DE NOTRE-DAME DE BONNE-NOUVELLE, A PARIS

MIS A MORT POUR LA FOI

Le 27 mai 1871, à Paris

———

POÉSIES ET DOCUMENTS

DÉCLARATION

Conformément au Décret du Saint-Siège apostolique, je déclare que si, dans le cours de cet ouvrage, je donne à quelques personnes la dénomination de saints ou de martyrs, ce n'est que d'après la manière usitée de parler et selon une valeur humaine : au Souverain-Pontife seul appartient de statuer sur la sainteté et sur le martyre.

D. ROLLAND,
Curé de Dugny.

AVIS PRÉLIMINAIRE

Au mois de mai dernier, au moment de célébrer dans mon église un service solennel pour M. Bécourt, ancien curé de Dugny, je répandis la Circulaire suivante, qui exposait la situation :

Dugny, par le Bourget (Seine)
le 14 mai 1878.
Fête de l'Invention des corps
de St Denis, de St Rustique et de St Éleuthère.

M

J'ai l'honneur d'être curé de Saint-Denis de Dugny (diocèse de Paris), poste qu'occupa pendant huit années le vénéré M. l'abbé Bécourt, mort glorieusement otage et victime de la Commune en 1871. Ce bon prêtre laissa ici, comme partout, les meilleurs souvenirs; il y revenait volontiers, et, la veille de sa mort, il a adressé à cette paroisse, qu'il aimait, ces touchants adieux :

« Adieu à Dugny ! aux pauvres comme aux riches. Croyez tous à mon amour en Notre-Seigneur Jésus-Christ. Adieu ! Adieu !

« Que Dugny se convertisse ! »

En ramenant lui-même à Dugny les restes mortels de son successeur immédiat ici, M. l'abbé Drieu, il disait : Je serais heureux qu'on m'en fît autant.

Or, on connaît les honneurs singuliers rendus dans ce diocèse aux Victimes ecclésiastiques de la Commune, qui, ayant subi une mort cruelle en haine de la religion et du nom de Jésus-Christ, sont pour nous, chrétiens, de véritables martyrs, tout en réservant le jugement à la sainte Église romaine. En effet, le corps de la plupart de ces pieuses Victimes fut inhumé dans des sanctuaires ; ce dépôt sacré est une gloire insigne pour ces temples, et les fidèles s'y pressent pour prier.

Sachant qu'à Dugny j'avais eu pour prédécesseur un prêtre du mérite de M. Bécourt, la question des honneurs dont il est digne éveilla bientôt mon attention ; j'étudiai la question avec soin, me transportant pour cela à Notre-Dame de Bonne-Nouvelle, à Puteaux et à Villejuif, où je visitai avec une grande émotion la tombe, obscure cependant, du vénérable prêtre.

J'ai pensé immédiatement qu'une place plus honorable lui était due, et qu'il était juste de faire pour lui, s'il était possible, ce qui a été fait pour M. Deguerry, M. Planchat, les PP. Jésuites, les PP. de Picpus et les PP. Dominicains ; qu'il l'avait mérité autant qu'eux ; que l'honneur du clergé de Paris le demandait, et qu'il serait convenable que le digne M. Bécourt ne subît pas comme une exception fâcheuse, d'autant plus que sa vie de prêtre et de pasteur (et je le sais pertinemment) a été de tout point édifiante et sainte et méritait une fin aussi glorieuse.

J'ai donc envié pour mon église et ma paroisse ce dépôt précieux, au pied duquel j'élèverai un Monument aussi beau que possible, témoignage du clergé tout entier et des fidèles à cette grande Mémoire.

Mon église toute neuve et fort jolie conviendra à ce Monument.

Bonne-Nouvelle et Puteaux, dont d'ailleurs je sollicite le concours et à qui je demande de patronner mon projet, qui est le leur, ont fait dans le temps ce que les circonstances difficiles permettaient : je sollicite l'honneur et la peine de faire le reste.

Je fis donc part de mon projet à son Éminence, qui l'approuva, et qui chargea M. l'abbé d'Hulst, vicaire général, de l'appuyer auprès de M. de Fourtou, alors Ministre. La permission d'inhumer dans mon église le corps même de M. Bécourt venait de m'être gracieusement accordée par M. de Fourtou, quand un prompt changement dans les Représentants du pouvoir arrêta le projet de cette inhumation même.

Je m'inclinai mais ne me décourageai pas, le temps étant toujours la condition des affaires de cette importance.

Ainsi, je travaille en ce moment à élever dans mon église le Monument projeté à l'honneur de M. Bécourt. Ayant reçu à cet égard de l'Archevêché de Paris, avec lequel j'ai longuement traité cette affaire, la liberté nécessaire, je m'occupe actuellement à réunir les ressources convenables. De différents côtés je ferai appel à la charité du clergé et des fidèles, à Paris, en particulier, que M. Bécourt a illustré par sa mort, car nous ne sommes, nous, qu'une bien modeste paroisse, et, quoique nous ayons le privilège motivé, comme j'ai dit, d'élever ce Monument, dont nous avons l'ambition de faire le Monument de la France chrétienne et de Paris en particulier, à l'un de ses nouveaux Martyrs, nous ne pouvons réussir que par le concours de la charité chrétienne et française.

Je fais donc part au Clergé et aux Fidèles, qu'une Souscription est ouverte dans ce but à Paris et à Dugny. Les offrandes pourront être déposées, à Paris, chez M. Albert Robin, gérant de propriétés, rue de Rivoli, 96, ou adressées à moi-même, à Dugny, par le Bourget (Seine).

J'espère que vous voudrez bien vous intéresser à cette cause si légitime et si sainte; je vous fais cette instante demande pour la gloire de Dieu si honoré dans ses saints; pour l'honneur du clergé français, du clergé de Paris en particulier, dont M. Bécourt est à l'avenir un des Membres les plus illustres; enfin pour l'honneur d'un martyr, que l'on a cru abattre et humilier, le digne, le vénérable M. l'abbé Émile-Victor Bécourt, dont Dugny a été la première paroisse, et qui du fond de son tombeau si obscur et bien silencieux du cimetière de Villejuif, vous demande avec plus d'éloquence que moi de vous intéresser à sa gloire et de sauver son nom de l'oubli.

Agréez, je vous prie, l'hommage de mes sentiments les plus humbles et bien respectueux en Notre-Seigneur.

E. ROLLAND,

Curé de Dugny.

SITUATION

au 1ᵉʳ janvier 1879.

Depuis le mois de mai dernier, le pieux projet du Monument à élever à M. Bécourt, dans l'église de Dugny, son ancienne paroisse, a rencontré de divers côtés la plus vive sympathie, et le clergé de Paris s'y intéresse particulièrement. Cependant les ressources indispensables ne sont pas réunies, et je continue à solliciter vivement la charité chrétienne.

J'ai réuni jusqu'ici, pour élever ce Monument, une somme nette de 2100 francs; cela ne suffit pas, et je désirerais réaliser, pour ce noble projet, au moins 5000 francs. Diverses réunions de charité se sont tenues dans ce but; quelques-unes se tiendront encore, car, Dieu aidant, nous voulons arriver. Mais je ne laisse pas que de concevoir des inquiétudes, qui sont la cause de ces nouveaux efforts. Nous ne voulons pas rester en chemin : nous en rougirions pour le clergé et les fidèles, de Paris en particulier; mais nous savons que nos sollicitudes présentes s'évanouiront, car il ne se peut pas que, tandis que les gens du monde élèvent à des hommes qui parfois le méritent si peu de splendides Monuments, les catholiques, les fidèles de Paris en particulier, ne pensent pas à consacrer la glorieuse mémoire de M. Bécourt, je ne dis pas d'une manière somptueuse, mais convenable et vraiment chrétienne. Et, qu'on veuille le remarquer, ce ne sont pas là des phrases banales, c'est un fait qui s'impose. J'ai toujours, avec la plus respectueuse déférence, rendu justice à chacun, et je loue sincèrement ceux qui déjà ont honoré M. Bécourt ; mais il est incontestable que ce digne prêtre mérite mieux.

Un jour peut-être l'Église consacrera le martyre de M. Bécourt ; nous appelons ce jour de tous nos vœux ! Mais, en attendant, et dans les bornes raisonnables, il ne nous est pas défendu de l'honorer. Les saints ne font généralement sentir les doux effets de leur puissance qu'à ceux qui les aiment et les honorent : aimons donc et honorons M. Bécourt. Pour moi, je crois sincèrement qu'alors, mais alors seulement, on sentira la force de son crédit au Ciel. C'est une invocation intime que l'Église ne défend pas ; le culte public n'est pas autorisé autrement, et j'avouerai que, pour ma part, je crois, d'après un ensemble de circonstances connues de moi, que M. Bécourt est au Ciel, et qu'il est prêt à faire sentir à ceux qui l'honoreront et l'aimeront, les effets de son saint crédit auprès de Dieu. Si M. Bécourt et nos autres martyrs avaient subi cette mort dans des temps plus croyants, leur renom déjà volerait de bouche en bouche, leur tombe serait illustre, et des miracles éclatants auraient récompensé la foi des peuples, plutôt que démontré la sainteté des Serviteurs de Dieu. Faisons donc notre devoir, ayons la foi, honorons et invoquons les martyrs : Dieu et ses puissants amis feront le reste.

J'ai dernièrement reçu copie d'un Décret par lequel le Chef de l'État, sur la haute recommandation de son Éminence le Cardinal Guibert, approuve authentiquement le projet du Monument à élever dans l'église de Dugny au vénéré M. Bécourt, en attendant que M. le Ministre de l'Intérieur, que nous sollicitons respectueusement, veuille bien nous accorder le corps même de ce digne prêtre.

PREMIÈRES APPROBATIONS

ET ENCOURAGEMENTS

L'ABBÉ LAGARDE

VICAIRE-GÉNÉRAL

ARCHIDIACRE DE NOTRE-DAME

31 mai 1878.

Il ne m'a pas été possible de me rendre à l'invitation de M. le Curé de Dugny, mais je tiens à le remercier de cette gracieuse attention, comme aussi à le féliciter du zèle touchant qu'il met à honorer la mémoire de son pieux et dévoué prédécesseur. Je n'ai pu lire sans émotion les pages qu'il a consacrées au martyre et à la vie édifiante de ce très-digne prêtre et curé dont j'ai pu apprécier pendant d'assez longues années l'esprit de foi et les vertus sacerdotales.

E. J. LAGARDE,

Vicaire général de Paris.

<table>
<tr><td>

ÉVÊCHÉ
D'ORLÉANS
—

</td><td align="right">

Orléans, le 8 juin 1878.

</td></tr>
</table>

Monsieur le Curé,

Permettez-moi de vous envoyer une modeste offrande de *** pour le Monument qui doit honorer la mémoire de M. Bécourt.

J'ai connu cet excellent prêtre dès mon enfance, je l'ai retrouvé ensuite dans le saint ministère; sa foi profonde et simple, son désintéressement m'ont laissé un souvenir que je ne saurais oublier.

Agréez, Monsieur le Curé, l'expression de mon dévouement en Notre-Seigneur et priez pour moi.

✝ PIERRE,

Évêque de Sidonie, Coadjuteur d'Orléans.

A Monsieur le Curé de Dugny.

AVERTISSEMENT

« *Ce fut à la poésie qu'on eut recours toutes les fois qu'on voulut intéresser, qu'on eut besoin d'émouvoir les sens, de captiver l'oreille, de fixer l'attention, et de faciliter les opérations de la mémoire. Dès lors, le récit de toutes les actions dont on voulut garder le souvenir fut fait en vers et orné de tous les charmes du style et du langage. Cet emploi fut confié à des hommes qu'on appella Sages : la poésie fut spécialement destinée à peindre les faits éclatants, à embellir les préceptes de la religion et de la vertu, à chanter la magnificence du Créateur, à consacrer la mémoire du passé et la prédiction de l'avenir.* »

Ces paroles sont du Docteur anglais Lowth, dans son excellent ouvrage : De poesi sacra.

Avant ma modeste poésie sur la Vie et la Mort glorieuse de M. Bécourt, j'ai voulu citer ces paroles d'un écrivain et poète très-distingué, afin de rappeler à certaines personnes que la poésie n'est pas chose si frivole, et qu'on peut en faire un saint et noble usage.

Je ne me donne ni pour un poète, ni pour un

écrivain, quoiqu'il soit louable, je crois, de s'exercer selon ses forces, et que les hommes de mérite même, du reste, n'aient point suivi une autre voie ; mais pour un homme qui, ayant embrassé une cause et poursuivant un but légitime, saisit avec empressement tous les moyens à sa disposition pour la faire valoir, la glorifier, et lui assurer un prompt et entier succès !

Que Dieu me vienne en aide, et que les âmes vraiment chrétiennes comprennent bien le sentiment qui me fait agir !

A LA MÉMOIRE VÉNÉRÉE

DE

VICTOR-ÉMILE BÉCOURT,

ANCIEN CURÉ DE DUGNY,

CURÉ DE N.-D. DE BONNE-NOUVELLE, A PARIS,

MIS A MORT POUR LA FOI,

PRÈS DE LA PRISON DE LA ROQUETTE, A PARIS,

LE 27 MAI 1871 :

Le Curé de Dugny,
tout dévoué à la conservation
de ce pieux et glorieux souvenir.

E. ROLLAND.

Stantes ante Thronum, amicti stolis albis et palmæ in manibus eorum.

Ils se tenaient devant le Trône, vêtus de robes blanches et tenant des palmes dans leur main.

(Apoc. ch. VII. v. 9.)

Tous se sont relevés avec la même palme dans la main, avec la même couronne sur le front.

(Mgr Pie, parlant de nos martyrs, lettre circulaire.)

Nota. — Tous les faits et toutes les paroles consignés dans cette poésie sont historiques : Voir les documents à la fin de l'ouvrage, aux Notes.

LA VIE ET LA MORT

DE M. BÉCOURT

I

DUGNY

Dans une vaste plaine où l'œil, au loin, s'étend (1)
Sur de riants côteaux et de riches campagnes,
Près du Bourget célèbre, au-dessous d'Ecouen,
Dont la guerre aujourd'hui couronne les montagnes,
Vous verrez, élevant son clocher gracieux,
L'église de Dugny. De tranquilles rivières
Promènent dans ces champs leur cours capricieux,
Égayant à la fois et villas et chaumières.

C'est là qu'un bon pasteur resta pendant huit ans,
Victor Bécourt, ce nom aujourd'hui plein de gloire.
Il y fut simple, bon et doux pour les enfants :
Après trente ans Dugny conserve sa mémoire.
Il aimait ce village et ce premier troupeau ;
Et quand, dans le cachot d'une prison cruelle,
Devant ses yeux s'ouvrit un glorieux tombeau,

Tournant vers ce clocher son âme paternelle :
« Adieu, dit-il, adieu, Dugny ! rappelle-toi
Que d'un amour profond je t'aimai sur la terre !
Je le redis : adieu ; mais souviens-toi de moi ! »
Puis il tomba martyr : — Non, non, vénéré père,
Dugny n'a pas laissé tomber ton souvenir :
Il demande ton corps et veut l'ensevelir
Dans le temple où longtemps s'éleva ta prière,
Il veut garder ta tombe et prier sur ta pierre.

II

SAINT-SÉVERIN ET SAINT-PHILIPPE DU ROULE

Saint-Séverin d'abord le garda dans son sein.
Saint-Philippe deux fois connut son noble zèle :
Il se montra partout prêtre pieux et saint,
Et les âmes partout recherchaient sa tutelle.
C'était un noble cœur, un esprit simple et droit ;
Il aimait la vertu sans mélange et sincère ;
Il détestait le fard et rappelait la loi :
C'était un homme enfin juste et de caractère.
Il enseignait sans faste, avec simplicité :
Il instruisait surtout et prêchait la doctrine,
Et dans son ton rempli de douce autorité,
De son rôle divin on sentait l'origine.
On garde à Saint-Philippe un profond souvenir
De ce prêtre, et son nom, après vingt ans encore,
Y survit dans les cœurs et n'y saurait mourir.

III

PUTEAUX

Mais c'est Puteaux surtout qui justement s'honore
D'avoir eu pour pasteur le vénéré Bécourt :
Il y remplit douze ans le sacré ministère :
Ne s'appartenant plus, ni la nuit ni le jour,
Montrant aux affligés des entrailles de père,
Gravissant volontiers les degrés tortueux,
Pour porter au malade, en son lit de souffrance,
Et les conseils sortis d'un cœur affectueux,
Et le pain qui, du corps, soutient la défaillance.
Il avait le renom d'une exquise bonté :
Rien n'altérait la paix de son âme sereine ;
Aussi, quand un fléau de chacun redouté,
Le choléra, souffla de sa mortelle haleine,
Sur Puteaux, le pasteur vaillant et généreux
Ne comptant plus pour rien et sa peine et sa vie,
Accourut à toute heure auprès des malheureux,
Prodiguant de sa foi la profonde énergie.

IV

SON SOUVENIR A PUTEAUX

Le doux nom de Bécourt à Puteaux est aimé :
Quand je le prononçai dans l'enceinte du temple,
Devant son peuple ému par un si grand exemple,
Devant le saint autel encor tout embaumé

Du pieux souvenir de la noble victime,
Devant ceux qu'il aima d'un amour si profond,
J'entendis un écho filial et sublime
Passer sur tous ces cœurs qui tremblaient sous son nom.

En se faisant aimer, il fit aimer son Maître,
Il ramena les cœurs à la religion
Modestement, sans bruit, et ses vertus, peut-être,
Sa charité, sa foi, son abnégation
Touchèrent plus les siens que sa parole même.

V

BONNE-NOUVELLE ET LES APPROCHES DE LA MORT

Mais de Victor Bécourt bientôt l'heure suprême
Allait sonner; sa vie était pleine, et la mort
Devait avec honneur mener sa barque au port.
Depuis quatorze mois, il avait, dans son zèle,
Reçu vraiment du Ciel une « Bonne-Nouvelle. »
Il n'en fut le curé que pour être martyr :
Saint avertissement d'une mort glorieuse.
Lui-même en nourrissait l'héroïque désir,
Et quand il avait vu la patrie anxieuse
Et couverte de sang : « Mon Dieu, s'était-il dit,
S'il faut, pour apaiser votre lourde justice,
Une tête, Seigneur, frappez-moi, me voici ».

Oui, Dieu le destinait au généreux supplice.
N'est pas qui veut martyr : Dieu choisit entre tous
Ceux qui, de leur sang pur, lui rendront témoignage;
Il faut pour cet honneur un heureux assemblage
De dons et de vertus : Bécourt, il fut en vous

Ce choix; il reposa sur vous, saintes victimes :
Darboy, Clerc, Seigneret, Caubert, Allard, Bengy;
Vous en fûtes sacrés, ô prêtres magnanimes :
Tardieu, Captier, Planchat, Sabatier, Deguerry!

VI

L'ARRESTATION

Ce fut le onze Avril que, de son presbytère,
En haine du Seigneur, on le vint arracher :
Il le savait d'avance, il eût pu se cacher;
« Non, non, de mon troupeau, je suis vraiment le père,
Dit-il, je resterai : Dieu sur moi veillera. »

VII

LES DIVERSES PRISONS

Dirai-je le chemin que ce bien-aimé prêtre
A suivi pour atteindre au lieu de son combat?
(J'ai tort de réveiller ces souvenirs peut-être;)
Nouvelles stations du chemin de la croix,
Oui, je dois vous nommer : c'est la Conciergerie,
Mazas et la Roquette, où jadis maintes fois
Avaient été jetés le crime et l'infamie. —
O contraste étonnant! vos élus, ô mon Dieu,
Sont cachés dans l'abri de toutes les souillures!
Vos saints sont devenus d'ignobles balayures,
Rebut du genre humain, repoussés en tout lieu!

VIII

LA CAPTIVITÉ

Dirai-je, du martyr, la cruelle souffrance,
Durant ces jours où, seul, dans sa prison jeté,
Torturé par la faim, sans humaine espérance,
La nuit même obsédé dans sa tranquillité,
Il comptait ses moments par son angoisse même ?
Du moins, s'ils avaient pu monter au saint autel,
C'eût été, dans leurs maux, un remède suprême,
Et pour eux le cachot fût devenu le ciel !
Je me trompe, ils étaient les vivantes Hosties.
Que de fois, en effet, ils ont offert leurs vies
A ce Dieu qui pour eux était mort sur la croix !
Chaque jour ils mouraient, solitaires victimes :
L'ardeur de leur amour, et le feu de nos crimes
Consumaient lentement leur bûcher à la fois.
La souffrance effaça, de tout défaut, le reste,
Dans leur âme blanchie aux rayons de ce feu,
Et quand ils sont tombés dans cet horrible lieu,
Ce fut pour s'envoler dans la cité céleste ! —

IX

LA COMMUNION DANS LA PRISON

Mais, mon Dieu, vos martyrs n'auront-ils pas le pain
Qui nourrissait jadis les chrétiens dans l'arène ?
Mon Dieu, pour soutenir leur héroïque fin,
Ne leur donnez-vous pas la force souveraine ? —

Mais où vont, traversant ces longs quartiers déserts,
Ces deux femmes, bravant, faibles mais courageuses,
La patrouille farouche et des périls divers ?
Elles vont... à Mazas, y porter, trop heureuses,...
Le pain qui fait les forts et le Dieu des martyrs !
Entendez l'un d'entre eux dire quelle est sa joie,
En recevant ce don que Dieu lui-même envoie
(Les pleurs viennent aux yeux à de tels souvenirs) :

X

APRÈS LA COMMUNION. — LE CHANT DES MARTYRS

« Je n'avais pas osé concevoir l'espérance
D'un tel bien ! Posséder son ami, son Seigneur !
L'avoir pour partager sa peine et sa souffrance.
Le porter sur son sein, reposer sur son cœur,
    Dieu, quelle jouissance !

« Oui, pour moi, c'est bien trop ! et cependant c'est vrai !
Oh ! qu'il est bon le Dieu de notre Eucharistie !
Je le tiens maintenant, et je le garderai !
Et plus il restera pour consoler ma vie,
    Plus je désirerai !

« J'ai baisé ta muraille, ô prison bien-aimée !
En m'écriant jadis : « O bonne, ô douce croix ! »
Prison, tu t'es changée en chapelle embaumée :
Mon Dieu reste avec moi, ma joie est consommée !
    Prison, que je te dois !!

« Ce n'est pas par l'amour seul que je le possède,
Il me donne bien plus que sa grâce aujourd'hui :
Le pauvre prisonnier a vu, dans son réduit,
Son Dieu venir lui-même, en personne, à son aide,
        Et rester près de lui !

« Dure, dure toujours, ô prison qui m'est chère !
Tu me vaux de porter, sur mon sein, mon Seigneur !
Ce n'est plus maintenant un symbole éphémère,
C'est l'union parfaite ! et mon ami, mon frère
        Palpite sur mon cœur !

« J'ai fait, dès le début, une ardente prière,
Pour que Dieu me permît de confesser son nom :
La mesure du mal n'est pas encore entière,
Voici les jours mauvais,... et l'abîme sans fond :
        Mais le Seigneur est bon !

« De mourir comme il faut, je formais l'espérance ;
Mon espoir s'est changé dans toute confiance :
Il me semble que tout m'est possible aujourd'hui
En Celui que je porte et qui fait ma vaillance !
        Je mourrai près de lui !

« Le voudra-t-il ?... Au moins, tout ce que j'en peux dire,
C'est que, si ce n'est pas son dessein arrêté,
Mon regret sera grand... et que pour y souscrire,
J'adorerai, pleurant sous son divin empire
        Et sous sa volonté !! »

XI

LES DERNIERS JOURS

Ainsi, Clerc, vous chantiez la douce Eucharistie !
C'était de nos martyrs le commun sentiment;
C'étaient vos sentiments, à vous qui, dans la vie,
Au saint autel portiez un tel recueillement,
O Bécourt ! et l'on sait que, vous offrant vous-même,
D'heure en heure, en victime au bon plaisir du Ciel,
Comme si vous alliez célébrer à l'autel,
Vous étiez préparé pour cet acte suprême.
On vous vit même, plein de générosité,
Exhorter vos amis de la captivité.
Tout annonçait enfin l'heure sainte et suprême :
Les bourreaux étaient prêts, les victimes, de même.
On entend plus distincts les farouches combats :
Quels sont, de tous côtés, ces bruits épouvantables ?
Autour d'eux quelles sont ces lueurs effroyables ?
Est-ce la liberté ! serait-ce le trépas ?...

XII

LA DERNIÈRE ENTREVUE

C'étaient les deux ! ! — Pourtant nos aimables victimes
Purent avant leur mort se voir et s'embrasser :
Comme à Rome, enivrée et de sang et de crimes,
On laissait, sur le soir, librement converser
Ceux qui, le lendemain, devaient rougir l'arène :
On vit (que c'était beau !) réunis en ce jour,

Ceux qu'allait immoler une pareille haine,   [amour :
Ceux qui, pour leurs bourreaux, n'avaient qu'un même
L'Évêque, les pasteurs, vous, Bécourt, ô bon père !
Le doux séminariste et les religieux,
L'apôtre de la Chine et le simple vicaire :
Beaucoup ne devaient plus se voir que dans les Cieux !

XIII

LES DERNIERS INSTANTS

C'était le vingt-sept Mai, l'après-midi, vers l'heure
Où Jésus expira sur son infâme croix :
On leur avait ouvert la sinistre demeure ;
Ce n'était dans la mort qu'un difficile choix !
Victor Bécourt bientôt fut reconnu pour prêtre ;
Trois martyrs le suivaient : Surat, Houillon, Choulieu.
Ils sont tous arrêtés, et d'eux l'on se rend maître.
On allait consommer le forfait en ce lieu,
Lorsque, pour les sauver, intervient une femme ;
Longtemps elle s'épuise en efforts dangereux :
Bécourt en est touché : « Non, laissez-les, Madame,
Puisqu'il leur faut du sang, le nôtre est devant eux. »

XIV

LA MORT

C'en est fait ! Je les vois s'avancer au supplice.
La foule les insulte : ils marchent : chaque fois
Qu'en ce trajet sanglant leur pied s'arrête ou glisse,
Ainsi qu'il se passait au chemin de la croix,
Le soldat les frappait de son arme cruelle :
Rangés le long du mur et devant leur prison,

Ils tombent,... foudroyés par la balle mortelle,
Et leurs corps sont jetés sous un peu de gazon.....
J'ai vu, j'ai vu, mon Dieu, la place où ce bon père
Est tombé glorieux sous le plomb meurtrier ;
J'aurais voulu baiser ce mur et cette terre
Qui s'abreuva du sang du noble prisonnier ;
Et l'on peut voir encore incrusté dans la pierre
Le sillon qu'y laissa cet homicide feu : —
Ne conviendrait-il pas qu'une croix funéraire
Marquât pour l'avenir ce vénérable lieu ?

XV

LE TESTAMENT

On a, le lendemain, à la grande Roquette,
Trouvé le testament qu'avait, près de mourir,
Écrit Victor Bécourt : éloquence muette !
Grands et beaux sentiments, immortel souvenir !
C'est bien, en résumé, tout notre digne prêtre ;
Le voilà tout entier, on peut le reconnaître :
Sa piété, sa foi, sa douce humilité,
Son abnégation et sa tendre bonté !
Paris conservera cette grande parole :
D'un martyr et d'un saint c'est l'auguste symbole.

XVI

SEPT ANS APRÈS

On voit à Villejuif ses restes aujourd'hui,
Dans le champ du repos, où la main généreuse

D'un ami, qui depuis fut placé près de lui,
Le déposa. J'ai vu cette tombe pieuse :
J'allai m'agenouiller devant ce grand tombeau ;
Ce que j'y demandai, le saurais-je bien dire ?...
La foi qui fait les saints et la fleur du martyre,...
Et qu'il bénisse ensemble et pasteur et troupeau.

XVII

SA TOMBE ACTUELLE

Cependant, en voyant cette tombe isolée,
Le froid silence seul répondant à ma voix,
Les oiseaux chantant seuls autour du mausolée,
Que rien ne distinguait dans le funèbre bois :
« Non, mon Dieu, me disais-je, une pareille gloire
Ne doit pas plus longtemps sommeiller en ce lieu :
Nous devons honorer son illustre mémoire :
Vous l'attendez de nous, n'est-il pas vrai, mon Dieu ?
Ses vénérés amis reposent dans le temple :
Bourard, Tuffier, Planchat, Olivaint, Deguerry :
Nous devons imiter ce légitime exemple :
Il était grand comme eux, comme eux il fut meurtri ! »

XVIII

PRIÈRE AUX POUVOIRS

O Vous à qui le Ciel a remis sa puissance,
Entendez de nos cœurs les vœux doux et profonds :
Donnez à notre amour l'exquise jouissance
D'inhumer près de nous celui que nous pleurons !

Pourriez-vous, de vos droits, faire un plus noble usage ?
De ce don, qui pourrait s'offenser contre vous ?
De la paix, du pardon, Bécourt reste l'image :
Pour la patrie et Dieu, de grâce, exaucez-nous ! !
Déjà nous vous devons d'élever à sa gloire
Près de nos saints autels, un pieux Monument :
Permettez qu'à ses pieds le corps même dormant
Soit le propre gardien de sa sainte mémoire !

XIX

APPEL AUX AMES CHRÉTIENNES ET AU CLERGÉ
POUR L'ÉRECTION PROCHAINE D'UN MONUMENT DANS L'ÉGLISE
DE DUGNY
A LA MÉMOIRE GLORIEUSE DE M. BÉCOURT,
MIS A MORT EN HAINE DE LA FOI

Oui, nous élèverons un pieux Monument
A vous, qui de Dugny fûtes le digne père :
Le vingt-sept Mai prochain, nos cœurs joyeusement
Vous payeront ce tribut de dévouement sincère ! —
O vous qui connaissez le véritable honneur,
Et lui gardez un culte immortel dans le cœur,
Vous qui, dans ce récit, avez pleuré peut-être,
Que l'auguste malheur sait encore attendrir ;
Qui revoyez le Christ dans le sang d'un martyr,
Et, dans ses yeux mourants, le Ciel vous apparaître :
Dans notre saint projet, ah! donnez-nous la main :
Seuls, nous ne pouvons pas accomplir ce dessein,
Car il faut que, la pierre imitant son image,
Comme Bécourt fut grand, grand aussi soit l'ouvrage.

Pour ce nom glorieux je me suis fait quêteur ;
J'ai prêché ses vertus, j'ai redit son martyre,
Priant qu'on nous aidât à l'entourer d'honneur :
Beaucoup, à nos efforts, ont bien voulu souscrire :
Qu'ils soient bénis ! — Le but n'est pas encore atteint
Cependant, et je n'ai, de ce rude chemin,
Parcouru que le tiers... (1). Mais j'ai ferme espérance !
Je marcherai, certain que le Ciel m'aidera ;
La tâche est dure encor, je le pressens d'avance :
Mais c'est... pour un martyr ! et Dieu me bénira !
Les fidèles pieux entendront ma prière,
Et du noble Paris, les pasteurs généreux,
Amis et compagnons du martyr glorieux,
Voudront, à son tombeau, donner chacun leur pierre.

XX

LES MARTYRS DANS LE CIEL (2)

« Et puis, dit-il, je vis, dans la splendeur des Cieux,
    Une foule innombrable,
Parlant dans toute langue et venus de tous lieux,
    Debout devant le Trône redoutable :

Ils étaient revêtus de longs vêtements blancs,
Et portaient dans leurs mains des palmes triomphantes;
Ils chantaient à leur Dieu, de leurs voix éclatantes,
A l'Agneau, leur Sauveur, de séraphiques chants ! »

(1) C'est-à-dire que je n'ai encore recueilli que 2,700 fr., dont
2,100 net, lorsque j'auráis besoin de 5 à 6,000 fr. pour ce
Monument.
(2) Apocal. ch. vii, v. 9 et suiv.

Et le Vieillard : « Peux-tu me dire
Qui sont ceux que tu vois, de robes revêtus ?
Et d'où sont-ils venus ? —
« Vous le savez, Seigneur ; et veuillez m'en instruire. » —

« Ceux que tu vois en ce moment,
Sont venus du séjour des angoisses immenses :
Dans le sang de l'Agneau lavant leur vêtement,
Ils ont conquis leurs récompenses.

« Ils servent aux autels de la sainte Cité.
Leur front n'est plus brûlé des ardeurs dévorantes ;
Ici tout est pour eux douce satiété ;
Et leurs cœurs altérés, aux sources enivrantes,
Boivent d'un trait l'éternité ! ! ! »

XXI

M. BÉCOURT AVEC EUX

C'est là que vous goûtez, Bécourt, votre victoire :
Au cœur de vos amis que ce spectacle est doux !
Nous voulons sur la terre étendre votre gloire :
Du haut des Cieux, bénissez-nous ! !

APPENDICES

I

*Lettres de félicitations et d'encouragement reçues
par M. le Curé de Dugny.*

Je cite celles-ci entre autres :

Arras, le 7 février 1878.

ÉVÊCHÉ
D'ARRAS

Monsieur le Curé,

Nous ne pouvons que nous réjouir avec vous des honneurs si légitimement dus, au reste, qui vont être décernés à M. l'abbé Bécourt, etc.

Veuillez agréer l'assurance de mon respectueux dévouement en Notre-Seigneur.

V. PROUSSEL, *vicaire général*

Puteaux, le 21 mai 1878.

Monsieur le Curé,

Je suis touché de tout ce que vous faites pour honorer la mémoire de M. l'abbé Bécourt, et je souhaite un plein succès au projet que vous avez formé.

Recevez, Monsieur et très-honoré confrère, l'assurance de mes sentiments dévoués.

POULIDE, *curé de Puteaux.*

(De M. l'abbé Balme-Frézol, auteur de traités d'éducation très-estimés.)

Courbevoie, le 20 septembre 1878.

Monsieur le Curé,

J'ai eu le bonheur de connaître l'abbé Bécourt et de l'avoir pour ami. Sa mort si humble et si chrétienne m'a beaucoup frappé, sans m'étonner. En relisant son pieux testament, je me surprends à envier son bonheur.

Je vous remercie d'avoir bien voulu m'informer de votre projet d'élever un monument à la mémoire de ce saint et vénéré confrère.

Je m'empresse de vous envoyer une modeste souscription (100 fr.) en faisant des vœux bien sincères pour que votre pieuse entreprise soit bientôt couronnée d'un plein succès.

Recevez, Monsieur le Curé, l'expression des bons sentiments avec lesquels je suis votre très-humble et très-dévoué confrère,

BALME, *aumônier.*

Saint-Denis, le 25 mai 1878.

Monsieur le Curé

Je suis très-sensible à votre invitation et je vous en remercie ; mais, etc. Je le regrette d'autant plus que je trouve votre pensée très-belle et que j'aurais été heureux de m'associer aux hommages si mérités **que** vous allez rendre à la mémoire de **M.** Bécourt.

Veuillez agréer, Monsieur le Curé, avec mes regrets, les sentiments de mes respects dévoués.

Granjux, curé de Saint-Denis.

L'abbé Lamazou, *curé de Notre-Dame d'Auteuil.*

Je me trouve dans l'impossibilité de répondre à votre obligeant appel. Je tiens à vous remercier de tout ce que vous faites pour honorer la mémoire de l'excellent M. Bécourt. Vous honorez ainsi le clergé et vous vous honorez vous-même.

Fontenay-sous-Bois, le 8 octobre 1878.

Ville de Saint-Denis.

Bien cher Confrère,

Je vous prie de vouloir bien agréer ma petite obole pour contribuer à l'érection du monument projeté. La pensée qui vous anime est admirable.

Je vous félicite de votre bonne inspiration. Le cher martyr vous en récompensera.

Agréez, cher Confrère, l'expression de mes **plus** affectueux sentiments.

J. Gallin, curé.

II

Églises où la cause de M.Bécourt a été recommandée avec succès :

> Puteaux,
> Chapelle Saint-André (Montreuil),
> Rueil,
> Étampes,
> Le Bourget.

—

Elle doit l'être encore cette année dans deux églises importantes de Paris.

Je fais appel aux âmes charitables et chrétiennes pour réunir des Dames quêteuses à l'intention de ces deux réunions : elles nous manquent, et l'on sait que c'est d'elles surtout que dépend le succès.

Je recevrai avec une vive reconnaissance les offres qui me seraient faites en ce sens.

III

Noms des ecclésiastiques qui ont bien voulu souscrire généreusement pour le Monument de M. Bécourt :

1. Dans une première Réunion solennelle à Dugny, le 28 Mai dernier :

M. l'abbé Pradines, chanoine titulaire de Paris.
Les RR. PP. Dominicains ;

Les RR. PP. Jésuites ;

Le R. P. Dulac, jésuite ;

Le R. P. Supérieur de Picpus.

Le R. P. Supérieur des Frères de Saint-Vincent de Paul ;

M. le Curé du Bourget ;

M. le Curé de la Courneuve.

2. En divers temps :

Mgr le Coadjuteur de Paris ;

Mgr l'évêque d'Arras ;

Mgr l'évêque d'Orléans ;

Mgr l'évêque de Limoges ;

Mgr l'évêque d'Autun ;

M. le chancelier de l'Archevêché de Paris ;

Mgr Ardin, prélat de Sa Sainteté.

—

MM. le Curé de Dugny	200 fr.
le Curé de Notre-Dame de Bonne-Nouvelle	100
le Curé de Sainte-Madeleine	100
le Curé de Saint-Augustin	50
le Curé de Saint-Louis d'Antin	50
le R. P. Supérieur de la Grande-Chartreuse	50
le Curé de Saint-Vincent de Paul	50
le Curé de Saint-Louis-en-l'île	40
le Curé de N.-D. des Victoires	60
l'Archiprêtre de Notre-Dame	30
le Curé de Saint-Nicolas des Champs	40
le Curé de Saint-Laurent	50
l'abbé Vincent, vicaire à St-Philippe	100
l'abbé Balme, Aumônier	100

MM. le Curé du Gros-Caillou ;
le Curé de Saint-Merri ;
le Curé de Montreuil-sous-Bois ;
le Curé d'Asnières ;
le Curé de Fontenay-sous-Bois ;
le Curé de Levallois ;
l'abbé Miguel, de Saint-Philippe ;
l'abbé Schœpfer, de N.-D. des Victoires ;
l'abbé Roulleux, de Saint-Bernard ;
l'abbé de Bréon, de Saint-Louis d'Antin ;
l'abbé Wollenschneider ;
l'abbé Crouzier, de St-Pierre de Montrouge ;
l'abbé Schneider, de Sainte-Marie ;
l'abbé Bourdriol, 1ᵉʳ vicaire de Vincennes ;
l'abbé Juhel, aumônier.

Du diocèse de Versailles :
MM. le Curé de Brunoy ;
le Curé de Saint-Brice ;
le Curé de Limours ;
le Curé de Taverny ;

Du diocèse d'Arras :
M. le Curé des Brebis ;
Et plusieurs Curés de Paris qui ont bien
voulu me promettre une offrande : MM. le Curé
de Saint-Philippe-du-Roule ; le Curé de Saint-
Antoine ; le Curé de Saint-Paul-Saint-Louis ; le
Curé de Saint-Germain-des-Prés.

N.-B. Que l'on m'excuse, si j'oublie quelques
honorables noms.

NOTES

I

SUR M. BÉCOURT

1. — *Testament spirituel de M. Bécourt.*

« Le 28 mai 1871, dit M. Guérin, dans son ouvrage *le Massacre des otages*, M. Bruant, lieutenant de vaisseau, trouva dans la cellule de M. Bécourt, à la Roquette, quelques lignes écrites par celui-ci avant sa mort. Nous citons cette page, si belle, qui atteste la grandeur et l'élévation morales des dernières pensées du martyr. »

Et, sur ces mêmes paroles, M. Louis Veuillot écrivit dans l'*Univers,* entre autres choses :

« Ce sont les pulsations de l'agonie d'un juste, doux et aimant, sévère à lui-même, plein de foi, craignant Dieu.

« Ce Testament soudain, écrit sous le couteau, vaut la plus haute méditation sur la mort, et on ne l'estimera pas moins comme peinture vivante d'une âme chrétienne et sacerdotale.

« Il a vécu cinquante-sept ans, il a été curé. Voyez ce qu'il a fait, ce qui l'inquiète au dernier moment, de quelle façon il reçoit cette cruelle et injuste mort.

Il tombe assassiné comme s'il mourait par accident, et ne songe à ceux qui le précipitent que pour leur pardonner. Vous avez le prêtre. »

Voici maintenant quelques-unes de ces remarqubles paroles :

> *« Prison des condamnés, à la Roquette,*
> *Jeudi, 25 mai, 45ᵉ jour de détention,*
> *quelques moments avant ma mort.*

« Je remets mon âme à Dieu.

« Je me mets sous la protection de Marie et Joseph.

« J'envoie à ma bonne mère mes dernières, respectueuses et affectueuses salutations. Un souvenir à mon cher père, mort en 1840.

« Adieu, chère mère, bonne sœur, bon frère. Adieu, Mgr d'Arras.

« Que Mgr d'Arras veuille bien les consoler.

« J'ai désiré être Curé de Paris ; c'est l'occasion de ma mort : c'est un ancien pressentiment et peut-être une punition.

« Adieu à Dugny (où il avait été huit ans curé), aux pauvres comme aux riches : Croyez tous à mon amour en Notre-Seigneur Jésus-Christ. Adieu ! adieu !

« Je demande pardon à Dieu.

« Je demande pardon à tous ceux que j'ai offensés et scandalisés.

« Je pardonne à tout le monde, sans le moindre mouvement d'animosité.

« Au ciel, parents et amis, au ciel !

« Pardon, mon Dieu, pardon !

« Que ceux qui sont ennemis aujourd'hui demain soient d'accord, et que Paris devienne une ville de frères qui s'aiment en Dieu.

« Je me prépare comme si j'allais monter à l'autel.

« Que l'on dise bien aux paroissiens et aux enfants que je meurs parce que j'ai voulu rester à mon devoir et sauver les âmes en ne quittant pas Paris.

« Dieu me recevra-t-il ?

« Au commencement de nos malheurs, au mois de septembre, je m'étais offert en victime pour Paris. Dieu s'en est souvenu.

« Que mon sang soit le dernier versé !

« Que Dugny, que Puteaux se convertissent !

« Je meurs à 57 ans et..... jours.|

« Si j'en avais profité ! »

Puis, à la suite :

Ce vendredi, 26 mai, 6 h. et 1/2 du soir.

« Je meurs dans l'amour de mon Dieu, avec soumission à sa volonté sainte.

« Nonobstant mes péchés.

« Depuis deux jours, je fais mon sacrifice d'heure en heure.

« Heureux celui que la foi soutient dans ce terrible moment.

« Tout à sa volonté !

« Un de mes confrères ayant une sainte Hostie, j'ai reçu la communion en viatique. »

2. — *Mort de M. Bécourt.*

« Le 27 mai, vers les trois heures de l'après-midi, raconte M. Guérin, les gardiens de la prison, s'apercevant de la fuite des insurgés, avaient ouvert les portes des cellules et engagé les otages à s'enfuir au plus vite, et tous les prisonniers se répandirent dans les rues avoisinant la Roquette, encore hérissées de barricades.

« Au lieu de la sécurité, ils rencontrèrent les plus

graves périls. La majeure partie cependant parvint à s'échapper. Il n'en fut pas de même de l'abbé Bécourt, curé de Bonne-Nouvelle, de Mgr Surat, vicaire général, du P. Houillon et de M. Choulieu, employé à la préfecture de police. L'abbé Bécourt était vêtu d'une mauvaise jaquette. Ils avaient déjà traversé deux barricades ; mais, à la seconde, qui interceptait le boulevard Voltaire, ils furent arrêtés par une cantinière et par un homme, inconnu dans le quartier, désigné sous le nom de Clairon. Il les emmena au 130 de la rue de Charonne et leur demanda qui ils étaient. Là, quelques femmes, ayant deviné que c'étaient des ecclésiastiques échappés de la Roquette, intervinrent : « Laissez donc ces hommes partir, votre cause est perdue. On s'est assez battu pour elle. » L'une d'elles fit même les plus généreux efforts pour les sauver. Mais les fédérés, voyant qu'ils tenaient en leur pouvoir des prêtres, ne voulurent rien écouter, et un homme vêtu de noir, qui accompagnait les insurgés, prit la parole : « Retirez-vous, citoyenne, dit-il, vous ne les sauveriez pas, et vous attireriez sur vous et sur la maison d'autres malheurs. »

« A la vue de cet acharnement, ne voulant exposer personne pour lui, le curé de Bonne-Nouvelle engagea généreusement cette femme à ne pas insister : « Laissez-les, madame, il leur faut du sang ! qu'ils prennent le nôtre. »

« Les fédérés, tout joyeux de leur capture, s'apprêtent à fusiller immédiatement les quatre prisonniers ; mais bientôt ils prennent le parti d'emmener leurs victimes dans un lieu où ils auront la faculté de les massacrer à l'aise. Une sorte de cortège se forme. En tête, marche une ambulancière, un drapeau rouge à la main, un revolver et un long poignard dans la ceinture, un brassard au bras. Derrière viennent les otages, entourés de gardes nationaux, et, suivant les récits des enfants échappés du dépôt des jeunes détenus, chaque fois que la fatigue ou les obstacles ralentissent leur marche, les fédérés les piquent à coup de baïonnette.

« Enfin, parvenus place de la Roquette, ils sont rangés au pied du mur de la petite Roquette, sur le quinconce et tout à côté de l'angle de la rue Servan. Une cantinière donne aussitôt le signal du massacre, en déchargeant son arme sur le crâne de Mgr Surat, et tous les gardes, l'imitant, tirent sur les prisonniers, qui tombent, sauf M. Choulieu, cependant bientôt immolé. »

Ils avaient été insultés de la manière la plus ignoble; les assassins s'acharnèrent sur leurs cadavres mêmes et les défigurèrent à ce point qu'à peine ensuite pût-on les reconnaître.

« Ces infâmes sicaires, dit M. l'abbé Perny, prirent enfin les corps de leurs victimes et les déposèrent à une petite distance de là, au pied d'un arbre, » sous quelques centimètres à peine de terre.

« J'ai visité, dit M. Perny, l'endroit où ces vénérables collègues ont succombé sous les balles de ces assassins sans nom, et la fosse encore béante qui a reçu leurs précieuses dépouilles. »

3. — *Les droits au titre de martyr.*

(Les victimes ecclésiastiques de la Commune, et M. Bécourt comme chacune d'elles, méritent-elles véritablement le nom de martyrs ?)

Évidemment, en cette grave question, et selon les décrets des Souverains-Pontifes, nous ne préjugeons en aucune manière le jugement de la sainte Église. Néanmoins, à la suite des juges les plus compétents dont, avec soin, nous allons rapporter les paroles, nous nous prononcerons pour l'affirmative, et, appliquant particulièrement tous ces témoignages au vénéré M. Bécourt, dont nous avons pris à tâche de faire connaître le mérite et d'honorer la glorieuse mémoire, nous nous réjouirons profondément pour lui d'un titre si grand; nous nous recommanderons secrètement à ses suffrages, assuré qu'il nous obtiendra de l'honorer sur la terre comme nous avons si vivement à cœur de le faire, en dépit des obstacles, et comme Dugny, qu'il aimait comme sa première paroisse, en poursuit généreusement et activement en ce moment le projet.

Voici d'abord le pieux et touchant M. l'abbé Perny, témoin oculaire.

Mgr Darboy venait d'être immolé.

« Je continuai à prier, dit-il, en invoquant les nouveaux martyrs de Jésus-Christ, avec l'accent de la plus vive confiance. « Oh ! oui, ils sont bien martyrs, disais-je, mille fois plus martyrs que ceux des pays infidèles. Dans ces pays-ci on trouvera rarement les circonstances hideuses qui se rencontraient dans cette exécution. »

Et en un endroit il dit que le démon, Satanas, était entré en eux ; — et il a raison.

Et plus loin :

« J'éteignis alors ma bougie. La pensée des six martyrs de la veille ne me quittait plus. Je songeais à leur auréole. Il y a quelques mois ces six otages étaient loin de se douter que la gloire du martyre couronnerait leur carrière. *Non pœna sed causa facit martyrem ;* « c'est la cause et non la peine qui fait le martyr. » Dans la pensée de nos bourreaux, Dieu n'existe pas. Ce seul nom adorable provoque sur leurs lèvres des torrents de blasphèmes et les hideux sarcasmes de Voltaire. Ils veulent, disent-ils, enseigner l'athéisme par la science et convertir nos temples catholiques en temples d'athées.

« Ils nous haïssent à cause de notre caractère sacré de toute la haine dont le démon seul est capable. Nous voulons, me disait un jour l'un des membres de la Commune, « le plus d'otages possible parmi les prêtres. » Ces monstres de l'humanité ont dû répéter bien des fois, je l'imagine, ce mot tristement célèbre d'un empereur romain : « Que n'ont-ils qu'une seule tête, et que ne puis-je l'abattre d'un seul coup ! » J'ai vu bien des néophytes dans l'Orient. Personne dans le pays n'hésite à les regarder comme de véritables martyrs de Jésus-Christ. Les victimes de la Commune sont, à mes yeux, encore plus dignes de ce titre. »

Entendons maintenant le P. de Ponlevoy, dans les Actes de la mort des RR. PP. Jésuites :

« M. l'abbé Bayle, vicaire général de Paris, dit-il, témoin accrédité de la Conciergerie, de Mazas et de la Roquette, prononça l'oraison funèbre (des victimes jésuites), qui devint presque un panégyrique. »

« Invité à prêcher l'oraison funèbre, a déposé M. Bayle lui-même, mon discours a eu précisément pour but de montrer à une assemblée très-nombreuse que les cinq Pères avaient été persécutés et mis à mort en haine du nom de Jésus, qu'ils portaient avec tant de gloire. Cette opinion, je la trouve partagée par les hommes les plus éminents, puisque j'en ai parlé avec Mgr l'Archevêque de Paris actuel (Mgr Guibert), devant son entourage, et que personne ne m'a fait la moindre observation sur cette opinion que j'avais avancée publiquement. »

« Mais la proposition, émise à Paris, n'eût point été contredite même à Rome, dit le P. de Ponlevoy. Dans une audience privée, le 3 décembre 1872, le Souverain-Pontife (Pie IX) a daigné me parler dans le même sens, et, naguère encore, un éditeur de Paris lui ayant fait hommage des Actes et des photographies de nos cinq martyrs, en retour, Pie IX lui fit adresser une réponse où ils sont désignés expressément comme mis à mort, tous les cinq, en haine de la Foi. »

Or, il est de toute évidence que la cause du vénéré Émile Bécourt est la même, absolument, et qu'identifiés dans la souffrance et dans la mort, ils le sont dans le mérite et dans la gloire devant Dieu et devant les hommes, ou si devant les hommes et sur la terre leur renom n'est pas encore égal, c'est que l'on n'a pas encore assez étudié la belle figure de M. Bécourt; mais, nous en portons dans notre âme l'invincible conviction, cette éclipse s'évanouira, justice sera rendue également à tous, et bientôt la mémoire du digne et vénéré Émile-Victor Bécourt, curé de Notre-Dame de Bonne-Nouvelle, massacré en haine de la Foi, le samedi 27 mai 1871, sera universellement et justement honorée.

II

SUR LES MARTYRS

1. — Lettre du Père Clerc, jésuite,
sur la sainte Eucharistie possédée dans la prison.

(Tirée des Actes de la Captivité des Pères Jésuites, page 143 et suiv.)

Cette lettre est vraiment admirable, elle est digne de la foi des premiers siècles chrétiens.

Elle est la dernière du P. Clerc, dit le P. de Ponlevoy, et vraiment son *Nunc dimittis*.

Ah! mon Dieu, que vous êtes bon! Et qu'il est vrai que la miséricorde de votre Cœur ne sera jamais démentie! Et nous, que de remerciements, que d'actions de grâces ne vous devons-nous pas? Après avoir mille et mille fois répété l'expression de mon impérissable reconnaissance, et vous avoir offert à un titre nouveau les faibles services d'un cœur cependant sincère et dévoué, il me restera de souhaiter que le don que vous me faites, vous soit toujours fait à vous-même, et surtout aux jours des épreuves.

Je n'avais pas osé concevoir l'espérance d'un tel bien! Posséder Notre-Seigneur, l'avoir pour compagnon de ma captivité, le porter sur mon cœur et reposer sur le sien, comme il l'a permis à son bien-aimé Jean! Oui, c'est trop pour moi, et ma pensée ne s'y arrêtait pas. Et cependant cela est. Mais n'est-il pas vrai que tous les hommes et tous les saints ensemble n'auraient non plus jamais osé concevoir l'Eucharistie? Oh! qu'il est bon, qu'il est compatissant, qu'il est prévenant, le Dieu de l'Eucharistie!

Ne semble-t-il pas nous faire encore ce reproche : Vous ne demandez rien en mon nom, demandez et vous recevrez? Je l'ai sans l'avoir demandé, je l'ai et je ne l'abandonnerai plus, et mon désir de l'avoir, éteint faute d'espoir, est ranimé, et ne fera que grandir, à mesure que durera la possession.

Ah! prison, chère prison, toi dont j'ai baisé les murs en disant : *bona crux!* quel bien tu me vaux! Tu n'es plus une prison, tu es une chapelle. Tu ne m'es plus même une solitude, puisque je ne suis pas seul, et que mon Seigneur et mon Roi, mon Maître et mon Dieu y demeure avec moi. Ce n'est plus seulement par la pensée que je m'approche de lui; ce n'est plus seulement par la grâce qu'il s'approche de moi; mais il est réellement et corporellement venu trouver le pauvre prisonnier. Il veut lui tenir compagnie; il le veut, et ne le peut-il pas, puisqu'il est tout-puissant? Mais aussi que de merveilles pour venir à bout d'un tel dessein! Et vous entrez dans ces merveilles de la tendresse du Cœur de Jésus pour son indigne serviteur.

Oh! dure toujours, ma prison, qui me vaux de porter mon Seigneur sur mon cœur, non pas comme un signe, mais comme la réalité de mon union avec lui! Dans les premiers jours, j'ai demandé avec une grande instance que Notre-Seigneur m'appelât à un plus excellent témoignage de son nom.

Les plus mauvais jours ne sont pas encore passés: au contraire, ils s'approchent et ils seront si mauvais, que la bonté de Dieu devra les abréger, mais enfin nous y touchons. J'avais l'espérance que Dieu me donnerait la force de bien mourir; aujourd'hui mon espérance est devenue une vraie et solide confiance. Il me semble que je peux tout en Celui qui me fortifie et qui m'accompagnera jusqu'à la mort.

Le voudra-il? Ce que je sais, c'est que, s'il ne le veut pas, j'en aurai un regret que la seule soumission à sa volonté pourra calmer.

Mais, s'il le veut, comme vous aurez eu une grande part à ce bienfait de la force qu'il m'aura prêtée!

2. — *M. l'abbé Seigneret dans la prison.*
Ses lettres admirables.

(Tirée du Massacre des Otages de U. Guérin, p. 51
et suiv.)

De tous les otages devenus les victimes de la
Commune, il n'est pas de figure plus touchante
que celle du jeune abbé Seigneret. Élève du
séminaire de Saint-Sulpice, il avait été arrêté à
la préfecture de police, lorsqu'il s'y était présenté
sans défiance pour réclamer un passe-port, et
avait été, comme les autres prêtres, transféré à
la Conciergerie, puis à Mazas. Là, sa douceur,
sa résignation, l'élévation et la pureté de ses sentiments avaient touché tous ceux qui l'appro-
chaient, et il leur semblait impossible qu'une
victime aussi pure ne désarmât pas la colère de
ses gardiens. Il tomba cependant sous le coup de
leur haine, et aucun outrage ne fut épargné à ses
derniers moments.

Cette mort prématurée rappelle à notre souvenir ces confesseurs de la foi chrétienne auxquels
le paganisme expirant ne trouvait d'autres crimes
que l'excellence de leurs vertus et dont il donnait
le martyre en spectacle à un peuple furieux. Ne
laissons point passer, sans nous incliner devant
elle, la sainte figure de ce jeune homme, si rapi-
dement enlevé que, dans sa vie, il n'eut que le
temps de bien mourir, et recueillons cet admi-

rable adieu adressé par lui, le 15 mai, à l'abbé
Sire, directeur de Saint-Sulpice :

Vous pouvez être parfaitement tranquille sur notre
compte; ici, les jours se succèdent pour nous comme
de vrais jours de fête, sans longueur ni tristesse. Cet
évènement providentiel cst destiné à répandre sur
toute notre vie une sérénité sans tache. Nous en
remercions Dieu du plus profond de notre cœur. L'a-
venir, de quelque façon qu'il nous arrive, se présente
pour nous sous les apparences les plus heureuses.

Je vis toute la journée plongé dans ma Bible, en
présence de l'éternelle Beauté, qui, Dieu merci, m'a
ravi pour jamais.

Je suis très-reconnaissant de l'offre que vous me
faites d'écrire à ma famille, je n'en vois pas de nécessité
pressante; Dieu veuille donner à mes parents la confiance et la paix que je lui demande sans cesse! La
pensée de leur inquiétude est. l'ombre inévitable de
notre vie actuelle...

Plus notre captivité se prolonge, écrivait-il, plus
nous sommes émus des témoignages d'amitié sans
nombre que nous y recevons; nous ne sortirons d'ici
que le cœur plein du profond amour des hommes. Il
m'est venu souvent à l'esprit, puisque vous trouvez
moyen de correspondre avec la province, d'écrire par
vous à ma famille. Mais j'hésite toujours, placé entre
l'ennui de dire des choses banales et la crainte de
tomber dans des choses trop tendres. Ah! si l'on
n'avait pas ses parents, qu'on aurait peu d'attaches
en ce monde!

Vous avez vu sans doute dans les journaux les discours furibonds prononcés à l'Hôtel-de-Ville, après le

renversement de la colonne Vendôme. Nos pauvres familles doivent être épouvantées! Ce sont elles qui sont à plaindre, et non pas nous. Pour nous, la Commune, sans qu'elle s'en doute, nous a fait tressaillir d'espérance. Serait-il donc possible qu'au début seulement de notre vie, Dieu nous tînt quittes du reste, et que nous y fussions jugés dignes de lui rendre le témoignage du sang, plus fécond que l'emploi de mille vies? Heureux le jour où nous verrons ces choses, si jamais elles nous arrivent! Je ne puis y penser sans larmes dans les yeux!

Adieu, cher monsieur Sire, ne vous inquiétez pas sur notre compte. Nous vivons toujours et de plus en plus en fête. Que Dieu vous rende au centuple, à vous et à tous ceux qui nous ont tant aimé, tout le bien que vous nous avez fait pendant notre captivité.

Le 23 mai, enfin, deux jours avant sa mort, et après son transfert à la Roquette, les sombres pronostics qui apparaissaient de tous côtés autour de lui, ne l'empêchent pas d'écrire ces lignes d'une admirable sérénité :

Nous sommes ici dans la prison des condamnés. J'en bénis Dieu de toute mon âme. Tout me réussit à souhait : j'avais si souvent demandé que, s'il devait arriver malheur à quelqu'un, ce fût à moi! Il me semble déjà voir l'accomplissement de mon désir. Vous dire la fête où je suis, serait chose difficile; je récite le *Te Deum* du matin au soir.

SECONDE PARTIE

———

POÉSIES SACERDOTALES

DÉDIÉES A M. L'ABBÉ BÉCOURT

ancien curé de Dugny

et déposées pieusement sur sa tombe

PAR

E. ROLLAND

curé de Dugny

POÉSIES SACERDOTALES

DÉDICACE DE MES VERS A M. BÉCOURT

A vous, noble Bécourt, l'hommage de mes chants !
Je viens les déposer aux pieds de votre tombe !
Bénissez mon ardeur, et si ma force tombe,
Soutenez d'un regard mes sincères accents !

Vous avez, pour la foi, fait don de votre vie ;
Après avoir longtemps offert au saint autel
L'holocauste divin, imprégné de l'Hostie,
Vous reçûtes comme elle enfin le coup mortel !
Qui dira la beauté du sublime martyre ?
Ce que l'esprit pourrait inventer de plus beau,
Ce qu'on pourrait chanter de plus grand sur la lyre,
Vous l'avez en mourant gravé sur un tombeau !
Honneur à vous ! — Martyr, oui, vous êtes poète !
Votre mort est un chant qui sacre votre front :
Vous avez en tombant couronné votre tête,
Et l'idéal lui-même entoure votre nom !

Oui, l'idéal ! La mort ! elle est déjà si belle !
De ce triste séjour s'éloigner pour jamais,

Quitter ce long exil, et déployer son aile
Vers les monts radieux de l'éternelle paix,
Quel beau jour ! ! De la mort voyez sur le corps même
Ce cachet de grandeur et d'exquise beauté,
Ce calme ravissant et cette paix suprême,
Cette sorte d'extase et cette majesté !
Aussi pour moi la tombe est plus belle qu'un trône !
Je trouve le divin dans la paix d'un tombeau :
Il me touche, il m'émeut, et ce qui l'environne
Pour moi reste toujours et plus grand et plus beau !

Si je vois dans la mort la grandeur de la vie,
Dans la mort du martyr quelle autre poésie !
Aimer jusqu'à mourir, ô le sublime amour !
Mais mourir pour son Dieu, mourir comme Bécourt,
Qui jamais redira cette beauté suprême ! !
Pour son Dieu se creuser un tombeau dans son sang,
Tomber en s'écriant : « C'est parce que je l'aime ! »
Présenter sans frémir au glaive frémissant
Pour l'amour de son Dieu, sa tête et sa poitrine,
Mourir en bénissant son farouche bourreau,
Mourir, ivre déjà de l'extase divine,
Oh ! qui que vous soyez, dites, quoi de plus beau ! !

Je viens donc déposer sur votre sainte tête
Ces « Fleurs, » Victor Bécourt, ô martyr et poète !

A vous, noble Bécourt, l'hommage de mes chants !
Je viens les déposer aux pieds de votre tombe !
Bénissez mon ardeur, et si ma force tombe,
Soutenez d'un regard mes sincères accents ! !

COMMENT LE PRÊTRE PEUT ÉCRIRE EN VERS

> *Quasi palma exaltata sum in Cades, et*
> *quasi plantatio rosæ in Jericho.*
> J'ai poussé mes branches en haut,
> comme les palmiers de Cadès, et
> comme les plantes des rosiers de
> Jéricho.
> (Ecclésiastique, XXIV-18.)

Depuis longtemps, Messieurs, le prêtre et le poète
Se confondent: souvent, sur une même tête,
Nous avons vu briller ces deux nobles flambeaux,
Du tronc religieux purs et féconds rameaux
S'enlaçant l'un dans l'autre et formant harmonie.
Le langage des dieux était la poésie,
Du reste, on s'en souvient, et ce parler divin
Fut le parler sacré du prêtre et du devin.
On exprimait en vers les lois et les oracles,
On célébrait en vers le ciel et ses miracles ;
En vers on conduisait les guerriers aux combats,
Et des héros, en vers, on pleurait le trépas ;
Des nobles sentiments, du vénéré mystère,
De tout ce qui montait plus haut que cette terre,
C'était la forme auguste et le cachet pieux.
Dieu lui-même employa le vers harmonieux ;
Nos livres inspirés, notre Bible en est pleine :
C'est l'inspiration complète et souveraine,
Et la source féconde où tout esprit humain
Doit venir s'abreuver du grand et du divin.
Aussi, qu'il est puissant, cet étrange langage !
Qu'il entraîne et ravit sur son brûlant passage !
Qu'il a, dans tous les temps, passionné les cœurs,
Élevé les esprits, et consolé les pleurs !
Signe mystérieux qu'il est une autre vie
Où l'âme, de splendeurs, est sans fin assouvie !

LE POÈTE

5 juillet 1875.

Il faut regarder chaque créature
comme si elle était un sacrement
sous le voile duquel Dieu demeure
caché.

(P. Faber, Progrès. Chap. 24, p. 473.)

Le monde ne sait pas ce que c’est qu’un poète :
En le voyant passer, on se dit : « Pauvre tête ! »
A ceux-là, le renom, la richesse, l’honneur,
Les douceurs de la vie, un tranquille bonheur ;
Appuyés sur leur or, puissants de leur mollesse,
Ne sachant que jouir pour unique sagesse,
Hors de là n’estimant rien de grand, rien de bon,
Ils ont pour tout le reste un mépris très profond.

Sur la terre exilée, ô sainte Poésie,
Accepte dans mon cœur une retraite amie !
Déjà, depuis longtemps, je dois à ton secours
Mon bonheur le plus pur et mes plus heureux jours ;
Déjà, depuis longtemps, ta main douce et bénie
A calmé de mes maux l’amertume infinie !
On ne te connaît pas, on rit de tes bienfaits,
Vierge sainte !... Mais moi, je t’aime et te connais !
Je t’aime !... et si j’étais seul à t’aimer sur terre,
Je t’aimerais encore !... et ne pourrais m’en taire !

Comme toi, le poète est un être ignoré,
Et pourtant, comme toi, c’est un être sacré !
C’est un être sacré, je le dis, le répète,

Pour vous, froids insulteurs, et vos yeux, sur sa tête,
Verraient, s'ils savaient voir, un sceau mystérieux,
La marque du divin et le signe des Cieux.
C'est un être sacré, mais c'est un être étrange,
Par son corps il est homme, et par son génie, ange.
Ne cherchez pas en lui les goûts des vains mortels ;
Ses goûts sont infinis, ses désirs éternels.

Ah ! que lui font, à lui, vos hochets, vos richesses,
Vos jeux et vos plaisirs, vos ris et vos ivresses !
Son cœur vierge est sevré de vos illusions,
Et son âme d'airain a fui vos passions.
Il traverse le bruit, les fêtes éclatantes ;
Il voit devant ses yeux frémir éblouissantes
Les mille vanités d'un monde séducteur ;
Tout ce fracas doré d'une fausse grandeur
Ne l'émeut pas !… son âme habite une autre sphère.

Mais, s'il reste insensible aux vains bruits de la terre,
Il en comprend les sens immenses et profonds :
Son âme est une lyre aux harmonieux sons,
Instrument ineffable, où toute poésie,
Tout noble sentiment, toute humaine harmonie :
La nature et ses voix, les mystères du cœur,
La joie et la pitié, l'amour et la terreur,
Dieu, son nom, son amour, sa féconde puissance,
La vie et le néant, la mort et l'espérance,
Viennent en sons parfaits, forts, plaintifs ou joyeux,
Résonner tour à tour pour la terre ou les Cieux.

Laissez-le penser seul, et vivre solitaire !
Laissez-le s'entourer de calme et de mystère !…

Oh ! ne le plaignez pas ! ne craignez pas pour lui
Le contact importun d'un ordinaire ennui !
Il pense, il est heureux !... sa nature féconde
Se suffit elle-même et remplirait un monde :
Ainsi qu'il faut chercher en de secrets vallons,
Sur des monts ignorés, sous de chauds horizons,
Certain plant précieux, certaine fleur choisie,
Lui, de même, a besoin, pour conserver sa vie,
Et pour nourrir le feu qui brûle dans son sein,
D'un calme plus profond et d'un ciel plus serein.

. . . .
. . . .
. . . .

Va donc, barde sacré, noble, divin poète !
Enivre-nous des sons que composa ta tête !
Fais-nous en ce séjour de mortelle douleur,
Entendre ces accents qui ravissent le cœur !
L'enthousiasme habite et brûle dans ton âme ;
Verse, verse sur nous sa dévorante flamme !
Sur ton aile sublime emporte nos esprits
Subjugués par ta voix, et d'idéal épris !
Va ! poète !... Recueille, épars dans la nature,
Les chants mystérieux que ta bouche murmure !...
Aux bords de l'Océan, va rêver et t'asseoir,
Visite les débris de l'antique manoir ;
Gravis l'âpre sentier des désertes montagnes,
Parcours, silencieux, les immenses campagnes ;
Des lacs abandonnés, des sauvages marais
Sonde les profondeurs, écoute les secrets !
Laisse errer tes esprits dans la grande nature,
Surprends sa voix intime et son vague murmure !
Va, va, noble poète, où t'entraîne ton sort !
Des antiques cités assises dans la mort

Fouille les monuments et consulte la gloire ;
Des grands noms endormis réveille la mémoire.
Mais ne dédaigne pas des souvenirs plus doux,
Plus doux et plus chrétiens. Viens ployer les genoux
Dans le temple gothique où te menait ta mère,
Où tu grandis, jeune homme, où priait ton vieux père !
Qui comprend mieux que toi la suave beauté
De ces murs où de Dieu siège la majesté ?...
Pour toi, la vieille église est un vivant poème,
De la foi, de l'amour le merveilleux emblème ;
Pour toi, la poésie emplit ces noirs arceaux,
Et des pensers profonds hantent ces chapiteaux.
On te rencontre aussi dans l'humble cimetière
Cherchant à déchiffrer quelque nom sur la pierre ;
Ton âme calme et pure aime, errant en ce lieu,
A s'y trouver plus près d'elle-même et de Dieu.

De l'inspiration voilà tes nobles sources,
Voilà, pour nous charmer, tes divines ressources !
Aussi, nous t'écoutons haletants... éperdus...,
A ta lèvre divine arrêtés... suspendus !
Poursuis, barde sacré, ta céleste carrière !
Verse, verse sur nous les flots de ta lumière !
Passe, les pieds sur terre et ton front dans les cieux !
Console-nous des pleurs que répandent nos yeux !
Ravis-nous à la terre !... et que ta poésie
Soit pour nous un prélude à l'éternelle Vie !!!...

*Paraphrase de la pièce précédente faite
par M. Dujoncquoy-Féau, d'Orléans, ami de l'auteur.*

Comme vous, je sais que le monde,
Dans notre siècle de progrès,
Où, pourtant, la sottise abonde :
N'y regarde pas de si près.
On méprise, on plaint le poète,
— Les vers ne sont plus de saison, —
Quand il passe, on dit: « Pauvre tête! »
Mon ami, vous avez raison !

Mais vous, loin des fêtes brillantes,
Loin des folles illusions
Qui voltigent éblouissantes,
Loin des vulgaires passions,
Vous devez à la poésie,
Eugène, un plus vaste horizon ;
Vous goûtez la sainte ambroisie !
Mon ami, vous avez raison !

Non, vous n'excitez pas l'envie
Des hommes riches et puissants ;
Souvent leur jugement dévie,
Ils ont parfois peu de bon sens :
Que vous importe leur jactance ?
Faisant une comparaison,
Vous préférez votre existence :
Mon ami, vous avez raison !

A ceux-là laissez les richesses,
La vaine gloire, les honneurs ;
Pour vous les sublimes ivresses
Et les mystérieux bonheurs !
Vous prisez les hautes montagnes,
Les prés fleuris et le gazon
Et les jaunissantes campagnes :
Mon ami, vous avez raison !

Quand du ciel la magnificence
Vous apparaît dans sa grandeur ;
Par l'esprit, de la mer immense,
Quand vous sondez la profondeur ;
Des marais tristes et sauvages,
Malgré leur âcre exhalaison,
Quand vous étudiez les âges,
Mon ami, vous avez raison !

Quand la plus riante nature
Renaît, et que vous écoutez
Les voix du ruisseau qui murmure,
Loin de nos bruyantes cités ;
Quand vous admirez dans la plaine
De l'agneau la blanche toison,
Ou de zéphyr la douce haleine,
Mon ami, vous avez raison !

De Dieu vous dites la puissance
En un style emprunté des cieux,
Vous chantez la mort, l'espérance
En sons plaintifs, en sons joyeux ;
Vous peignez la douleur, la joie,

L'amour, la noire trahison ;
Vous êtes dans la bonne voie,
Mon ami, vous avez raison !

Vous savez rendre sur la lyre
Les sentiments les plus exquis,
Et moi, je me plais à relire
Tous vos délicieux croquis :
Vous plaignez l'oiseau dans sa cage,
Vous qui sentez que la prison
Pour lui ne vaut pas le bocage :
Mon ami, vous avez raison !

Vous trouvez dans le cimetière
Et dans l'église du hameau,
Dans l'extase, dans la prière,
Quelque charme toujours nouveau ;
Le paradis, dans l'autre vie,
Enfin sera votre maison :
Déjà votre âme en est ravie :
Mon ami, vous avez raison !

———

LE PRÊTRE

POUR UNE PREMIÈRE MESSE A PUSSAY

A M. l'abbé Louis R.

9 juin 1868.

> *Agnoscite quod agitis; imitamini quod tractatis.*
> (Prêtres), Connaissez bien ce que vous faites; imitez ce que vous touchez.
> *Sit odor vitæ vestræ delectamentum Ecclesiæ Christi.*
> Que l'odeur de votre vie soit le charme de l'Église du Christ.
> (Pontifical; ordination.)

A d'autres, cher ami, de dire avec science
Du prêtre du Très-Haut les devoirs, la grandeur;
Ma langue, faible encor, mon esprit sans vigueur
D'un cercle plus étroit préfèrent l'indulgence.
Le calme de mes jours est d'ailleurs trop profond,
Et ne me permet pas les leçons de sagesse :
De plus sûrs conseillers guideront ta jeunesse.
Mon unique désir et ma prétention
Est d'épancher les vœux dont mon âme est remplie;
De causer un instant des jours qui ne sont plus,
De ceux qui vont venir, de ceux qui sont venus :
Comme deux voyageurs qui, leur route accomplie,
Réunis au foyer dans un même festin,
Se redisent cent fois les labeurs du chemin.
Et puis, je peux ici me servir de la lyre,
De ce parler divin qui seul aide à bien dire.

Te voilà donc, Ami, Prêtre du roi des cieux !
Ce signe, sur ton front, resplendit radieux :
Hier, tu n'étais rien, aujourd'hui je préfère,
A la grandeur des rois, ton sacré caractère.
Sur cette dignité le monde se méprend :
Que nous font ses discours, le monde est ignorant.
Ce n'est pas pour grandir, d'ailleurs, qu'on se fait prêtre,
Mais pour servir plutôt comme le divin Maître.

Que, des nôtres, divers sont les plans du Seigneur !
Qui pouvait sur ta tête attirer cet honneur ?
Dieu dédaigne des grands l'éclat et la richesse ;
Il laisse tous leurs jours couler dans l'allégresse :
Eh ! qu'a-t-il, après tout, besoin de leurs secours ?...
Les humbles, les petits ont surtout ses amours.
C'est dans leurs rangs surtout qu'il discerne, entre mille,
L'enfant qui, comme lui, prêchera l'Évangile :
Cet enfant, il l'instruit, l'ennoblit par le cœur...
Et puis, l'heure sonnée, il ceint son front d'honneur,
Il consacre ses mains : c'est un autre lui-même :
Oui, de sa mission tel est le point suprême :
Reproduire du Christ l'existence ici-bas.

Le Christ était venu pour éclairer nos pas :
Le prêtre, comme lui, doit donner la doctrine ;
Ses lèvres, du savoir, doivent être une mine.
Que notre siècle, hélas ! a besoin d'être instruit,
Quoique, de sa lumière, il fasse tant de bruit !
Travaille, mon Ami, travaille : la science
Réclame, crois-le bien, beaucoup de patience ;
Sache que justement les plus simples discours
D'un plus rude travail exigent le concours.

Instruire, c'est beaucoup ; mais vient un ministère
Plus savant, plus profond, même plus salutaire :
Guider les cœurs :... ici, que de précautions !
Quel intime regard, mais que d'attentions !
S'il est un mal des corps, qu'un autre mal réclame
De soins plus délicats ! Et c'est le mal de l'âme ;
Pour toucher à ces maux, il faut l'habileté,
Il faut bien plus encore, il faut la sainteté !
Si le monde savait... tiendrait-il ce langage ?
Je me tais... l'avenir t'en dira davantage.

Mais, pour tant de devoirs, tu dois lever les yeux,
Prêtre, chercher la force, et ta force est aux cieux.
Le prêtre sera donc un homme de prière.
Chargé de réunir et le Ciel et la terre,
Il offre nos douleurs, nos vœux à l'Éternel.
Nos crimes chaque jour montent... crient vers le Ciel...
Mais chaque jour aussi la radieuse hostie
Offerte entre ses mains, apaise et pacifie.

Du Prêtre, voilà donc, Ami, la dignité.
Sur cette tâche austère as-tu bien médité ?
Car, sous ces diamants, il est plus d'une épine.
Le front sacerdotal à toute heure s'incline
Sous le fardeau sacré de l'abnégation :
Tout le bonheur du prêtre est l'immolation. —
Tandis que sous vos toits la joie éclate et brille,
Qu'en vos salons dorés retentit le quadrille,
Le prêtre qu'on éveille au milieu de la nuit,
Au lointain hameau, seul, dans la neige, sans bruit,
S'en va pour consoler un mourant qui l'appelle.

Mais, de son dévouement une marque aussi belle,
C'est que d'un plein vouloir il l'embrassa content.
Sur ce modeste seuil pénétrez un instant.
Un jeune homme est assis, c'est un jeune lévite ;
Sa tête entre ses mains... en silence... il médite :
Gloire, fortune, amis... famille... tour à tour
Passent devant ses yeux sous un différent jour.
Il hésite un instant sous ce brillant mirage...
Mais bientôt, de l'autel l'austère et sainte image
A fixé sans retour tous les vœux de son cœur :
C'en est fait, il le veut... son tout est le Seigneur.

Il faut donc les quitter, ces lieux où notre enfance
Folâtra si souvent avec insouciance !
A ces gazons si verts, ces ombrages si frais,
Il faut donc, cher Ami, dire adieu pour jamais !!
Qu'ils furent beaux... ces jours !! Aux buissons de la
La bêlante brebis abandonne sa laine :   [plaine
Ainsi ce toit, ces murs, ce jardin, ce sentier
De notre âme à jamais conservent la moitié...
Ou mieux, oui, nous irons à notre ministère,
Nous montrerons le ciel aux hommes de la terre ;
Mais lorsque la chaleur pèsera sur nos fronts,
Quand souffriront nos cœurs, alors... nous reviendrons...
Demander un conseil à notre bonne mère,
Lui confier le poids de notre peine amère :
Un instant nous croirons avoir encore quinze ans...
Puis nous repartirons... heureux... et confiants.

A Monsieur l'abbé A. Buffet (décédé 4 ans après), curé de Saint-Basile, à Étampes. Pour sa fête, 17 juillet 1872.

> *Dedit in celebrationibus decus, corroboravit pietatem, hospitio recepit, tribulationem patientibus subministravit, omne opus bonum subsecutus est.*
> Il donna de la splendeur aux cérémonies saintes, il soutint la piété, il était hospitalier, il secourut les affligés, enfin il accomplit toute bonne œuvre.
>
> (De l'office parisien de saint Vincent de Paul, à Laudes.)

Il est donc revenu, ce jour béni des Cieux,
Où, mêlant à l'envi notre amour et nos vœux,
Nous pouvons présenter à ce vénéré père,
De notre affection l'hommage ardent, sincère !

Lorsque tout est glacé par la désunion,
Lorsqu'on ne voit partout que la division,
Qu'il fait bon de gagner cette sainte demeure,
D'y respirer en paix, s'y reposer une heure !
Qu'il fait bon d'approcher de cette intimité,
Où règnent le savoir, la vertu, la bonté ;
Qu'il fait bon, au milieu de ce clergé de frères,
De venir un instant près du meilleur des pères !
Oui, c'est bien là le nom que je dois lui donner,
C'est le nom que je vois sur son front rayonner :
Le Père du clergé. Je crois que, de sa vie
Ce rôle ne prend pas la moins belle partie ;

Je crois que, sans prétendre en recueillir l'honneur,
De cette mission il remplit la grandeur.
Depuis déjà longtemps, cette demeure sainte
Voit un clergé divers pressé dans son enceinte ;
Déjà depuis longtemps le seuil de la maison
Est usé sous leurs pas, qui répètent son nom.
De tous lieux, à toute heure... au simple presbytère
Ils frappent... confiants... ils y trouvent un père.
On dirait que, de tous, c'est la maison, pour eux
(Et je vois qu'ils n'y sont nullement malheureux).
Mais l'hospitalité n'est que son moindre office :
De sa sainte influence ils ont le bénéfice ;
Il y trouvent l'exemple à côté du conseil :
Le sillon incessant d'un but toujours pareil,
La charité sans borne, et, du haut de la chaire,
Les accents du pasteur, du docteur et du père ;
Le modèle en un mot de l'homme du saint lieu,
De l'ami des petits, du ministre de Dieu.
Voilà, je crois, Messieurs, des leçons précieuses
En tout temps, mais surtout aux heures anxieuses
Que traversent l'Église, et le pays et nous.
Comptant de vrais amis, mais des maîtres en vous,
Je vous devrais, je sais, de garder le silence,
Et vous n'attendez rien de ma faible science.
Mais, ne l'osant en prose, on peut parler en vers
(De la rime, je crois, c'est un des droits divers).
Aussi, je le répète, oui, qu'il soit salutaire
Le langage éloquent de ce saint presbytère !
Qu'en notre temps surtout, il demeure pour nous
Un exemple fécond aussi profond que doux !

Nous traversons les flots d'une époque orageuse,
Les vents sont déchaînés, et la mer est houleuse.
Notre temps ne veut plus du prêtre et de son Dieu,

Dans sa rage, il voudrait les chasser de tout lieu,
Ils lui sont importuns. Ils font le rêve impie
De façonner sans Dieu notre sainte patrie.
A Rome, ils ont porté leur sacrilège main
Sur le Pontife-Roi, l'honneur du genre humain.
Contre le bras de Dieu sentant leur bras précaire,
Ils sont allés dans Rome insulter son Vicaire !
Les méchants de tout temps, font alliance entre eux :
Oui, nous les avons vus faire le pacte honteux
D'opprimer la faiblesse, et, sous la violence,
De réduire la foi, l'honneur et l'innocence :
Les braves ! les héros ! qui se mettent deux cents
Pour égorger sans bruit dix ou douze innocents ;
Les braves ! les héros ! qui lancent la mitraille
Contre une ville ouverte et sa faible muraille !!
Stupides insulteurs d'un vieillard désarmé,
D'un pontife sublime, et d'un roi bien-aimé :
Comme si désormais le maître du tonnerre,
Laissant à leur fureur les choses de la terre,
N'avait plus le pouvoir de les foudroyer tous !
Ils bravent, insolents, les feux de son courroux :
Patience !... ils sauront qu'il est toujours le même,
Et qu'il tient en sa main la puissance suprême.

C'est, Messieurs, dans ces temps solennels, périlleux,
Qu'ici ce grand exemple est placé sous nos yeux.
Marchons avec élan sur cette noble trace !
Montrons que, comme lui, nous sommes de la race
Des Apôtres ardents, des martyrs, au besoin ;
Et que le dévouement soit notre unique soin !

Saint-Alexis, 1869, 17 juillet.

A M. Alexis Buffet, curé de Saint-Basile d'Étampes.

> *Erat ille vir simplex et rectus ac timens*
> *Deum et recedens a malo.*
> C'était un homme simple, droit, crai-
> gnant Dieu et s'éloignant de tout mal.
> (De l'office parisien de Saint-Vincent de Paul.)

Faire des vers, c'est un plaisir,
Pour moi c'est toujours une fête :
Alors mon cœur joyeux s'apprête
A respirer, s'épanouir.

Heureux si plus souvent la rime
Était permise à mes instants !
Sur des travaux secs l'on s'escrime :
On y consume son printemps.

A mon devoir je sacrifie
Le goût naturel pour le vers :
Mais heureux quand un cas divers
Me ramène à ma poésie !

Pourtant je sais que ce penchant
Souvent est traité de manie :
Mon Dieu, qui n'a pas sa folie ?...
Allez ! laissez-moi donc mon chant.

Oui, c'est un chant, une prière,
Qui de mes lèvres va jaillir !
Pour parler du prêtre, d'un père,
Ma voix pourrait-elle faillir ?

L'antiquité montrait ses Sages,
Ses Philosophes, ses Rhéteurs ;
Ses Guerriers, aux lointains rivages,
Plantaient leurs étendards vainqueurs.

Elle eut ses Platon, ses Socrate,
Sous la hutte ou dans les palais ;
Ses Cicéron, ses Hippocrate :
Mais un Vincent de Paul... jamais !

Voyez-vous ce toit solitaire,
Près de la maison du Seigneur ?...
Il a je ne sais quoi d'austère...
Je ne sais quel calme enchanteur.

Un homme en sort à chaque aurore,
Ses traits respirent la bonté ;
D'une secrète majesté
Son front souriant se colore.

Son pas le conduit aux saints lieux.
J'y vois sa fervente prière ;
Couvert d'habits mystérieux,
Il prie à l'autel pour la terre.

Mais voici que l'on vient à lui :
On dirait qu'il donne audience.
Chacun troublé, tremblant, s'avance...
En eux bientôt la paix reluit.

Près de lui combien ont affaire !
J'y vois l'enfant et le vieillard ;
La jeune fille y suit sa mère :
De son cœur tous ont une part.

A chacun avec bienveillance
Il parle, il répond tour à tour :
On voit là quelle est la puissance
D'un respect vrai joint à l'amour.

C'en est assez pour reconnaître
Celui que je ne puis nommer.
Qu'importe ! nous pouvons l'aimer,
Aimer le père, aimer le prêtre.

Oui, le prêtre est un père aussi :
Leurs lèvres ont dit vrai : « Mon père. »
Il a du père le souci,
Et le dévouement de la mère.

Prêtres, nous sommes ici-bas
Une puissance incomparable,
Puissance forte autant qu'aimable,
Que les hommes n'ébranlent pas.

Ne craignons pas la calomnie ;
Laissez, laissez voler leurs traits :
Payons par de nouveaux bienfaits
Les coups de leur maligne envie.

Et que celui que nous fêtons
Nous soutienne dans la carrière :
Pour lui monte notre prière,
Que Dieu le comble de ses dons ! !

AU TRÈS-SAINT ET TRÈS-ADORABLE CŒUR DE JÉSUS

Paray-le-Monial,
Fête de la Saint-Jean, 24 juin 1874,
(parti de Vichy-Allier).

Gustate quoniam suavis est Dominus.
Goûtez combien le Seigneur est doux.
(Au Psaume XXXIII.)

Je reviens de Paray, tout embaumé d'amour,
Et parmi mes beaux jours je veux compter ce jour !
J'ai suivi de Jésus la trace lumineuse,
J'ai vu les lieux bénis qu'Il marqua de ses pas ;
Et je vivrais cent ans, que je n'oublierais pas
    L'aimable Bienheureuse !

Salut, noble Paray! tes clochers, tes coteaux,
Tes dômes et tes tours, et tes dormantes eaux
Frappent le pèlerin d'une douce surprise :
Tu parais sommeiller dans le calme et la paix,
Ville du moyen-âge, aux toits rouges et gais,
    Dans ta prairie assise.

Rangés sous l'étendard de l'Adorable Cœur,
On nous vit avancer d'un pas triomphateur,
Fanfare en tête, tous marqués d'une effigie ;
Les fronts se découvraient, émus, respectueux,
Et le clocher roman élevait dans les cieux
    Sa grande sonnerie.

Nous sommes dans ton sein, Sanctuaire d'amour !
Nous franchîmes, tremblants, ton seuil à notre tour,
Tambours au champ ! — Grand Dieu, noyé dans la
Voici, voici l'Autel où jadis le Seigneur   [lumière,
Apparut à la Sainte avec son Sacré-Cœur
    Et sa tendre prière !!

Ces murs, ces mêmes murs ont vu ton Cœur, mon Dieu !
C'est là que tu posas ton pied en ce saint Lieu :
Marguerite, à deux pas, écoutait ta parole
Et vit ton Sacré-Cœur ! — O douce majesté !
Sanctuaire béni, tout plein de sainteté,
    Que ton aspect console !

J'allais donc immoler la Victime en son sein !...
Oui, j'offris la Victime en ce lieu tout divin !
Mes mains, mes faibles mains, montèrent frémissantes,

Offrant en ce saint lieu l'Agneau réparateur !
Et j'y plaçai le Sang... le Sang du Sacré-Cœur...
    Sur mes lèvres tremblantes!!...

Mon cœur, en ce moment, comprit la passion
Dont le prêtre est épris pour l'immolation :
Au Sang du Sacré-Cœur j'unis mon sacrifice,
Je jurai de l'aimer, de m'immoler pour Lui;
Riche de son amour et fort de son appui,
    D'avancer dans la lice.

Mon Dieu, que de soupirs sont montés vers le Ciel!
Que de vœux exhalés devant ce saint Autel!...
Je contemplais, ému, ces murs et cette grille,
Ce chœur étincelant, ces ex-voto divers,
Ces étendards d'honneur, venus de l'univers,
    Où l'amour luit et brille!

Quelle grande leçon que l'aspect de ce Lieu!
Qu'il ennoblit le cœur et rapproche de Dieu! —
Paray, je veux aimer, dans cette triste vie,
Mais aimer, s'il se peut, avec ta pureté!
Des Anges, pour aimer, je veux la sainteté!!...
    Tout le reste est... folie!

Mes yeux ont parcouru l'enclos béni des Cieux,
Où Jésus à Marie apparut loin des yeux!
Jardin tout parfumé de sa présence sainte!
J'ai vu le noisetier et le premier autel
Qui fut au Sacré-Cœur consacré sous le ciel,
    Dressé dans cette enceinte.

J'ai vu le toit pieux où vécut l'humble Sœur,
L'amante de Jésus et de son Sacré-Cœur.
Un calme qui repose, entoure la demeure,
De cœurs humbles et doux c'est encor le séjour;
La foi, la piété, la candeur et l'amour
    Y règnent à toute heure.

Prier, souffrir, aimer, sainte occupation ! —
Poursuivez, cœurs pieux, cette immolation !
Coulez, coulez vos jours dans l'ombre et le mystère !
Vous avez ici-bas le sort le plus heureux :
Le saint Cœur de Jésus fait le bonheur des Cieux,
    Vous l'avez sur la terre ! —

Enfin, je dus quitter cet asile sacré !
Réunis, au départ, dans ce lieu vénéré,
Un prêtre, au nom de tous, éleva sa prière.....
Le front entre mes mains, je restais abîmé,
De regret, de ferveur et d'amour embaumé,
    En ce doux Sanctuaire ! !

Les larmes, de mes yeux... s'échappaient... et mon cœur
S'épancha tout entier dans le vôtre, Seigneur ! !
Je ne pouvais quitter cette aimable demeure...
Aux pieds du Sacré-Cœur je restais à genoux...
Volontiers, du départ, ô mon Dieu, près de vous,
    J'aurais oublié l'heure !...

Au saint Cœur de Jésus amour, louange, honneur ! !
Louange à Marguerite ! amour au Sacré-Cœur ! !

Il a poussé l'amour jusques à la folie...
Aussi, mon Dieu, je t'aime ! oh ! je t'aime d'amour !
Je t'aime et t'aimerai jusqu'à mon dernier jour !
O Toi, mon Bien-Aimé, mon Dieu, mon Tout, ma Vie ! ! !

. . . .

. . . .

LA MÈRE

> *Jesus dixit matri suæ : ecce filius
> tuus.*
> Jésus dit à sa mère : Femme,
> voilà votre fils.
> (Saint Jean, chap. XIX.)

Dieu, tout puissant qu'il soit, n'a rien fait sur la terre
De plus saint, de plus grand que le cœur d'une mère ;
Et parmi tous les biens que nous donne sa main,
Aucun n'est comparable à ce bien tout divin.

Dieu voulait aimer l'homme, et son moyen suprême,
Ne pouvant près de lui vivre et rester lui-même,
Fut de le confier à l'amour maternel :
Telle est de cet amour l'origine... le Ciel.
Je m'explique en ce sens ses profondeurs étranges,
Et sa limpidité, qui fait rêver des anges ;
Ses grâces, sa douceur, sa générosité,
Son abnégation, sa divine bonté.
Je sais ce que d'amour peut produire la terre,
J'ai compris, j'ai touché comment aime une mère,
Et, je le dis bien haut, Dieu seul a fait son cœur.

Aussi, mon Dieu, merci d'une telle faveur !
Je juge l'ouvrier par son divin ouvrage :
Si je ne vous avais connu dès mon bas âge,
A ce céleste amour je vous reconnaîtrais,
Et près d'elle, mon Dieu, je vous adorerais !

Ce qui fait de ce cœur le premier caractère,
Ce qui de cette énigme est le premier mystère,
C'est la sainteté même incarnée en son front,
Et le profond respect qu'inspire son seul nom :
Et si son cœur de femme a connu la faiblesse,
Quand Dieu l'a faite mère, il lui rend sa noblesse.

Au front du premier-né que son baiser est saint !
Quel angélique amour pour lui brûle son sein !
Près du berceau chéri quelle vive lumière !
Quels retours où soudain son âme s'ouvre entière !
Jeune fille rieuse, ignorante de tout,
Devant ce frêle enfant, elle sent tout à coup
Circuler dans son sein une nouvelle vie :
Chant divin et sublime, idéale harmonie,
Qui soudain, dans son cœur, font entendre leur voix,
Où la terre et le ciel s'unissant à la fois,
Élèvent de son front la majesté sereine,
Ennoblissent son âme, et la consacrent reine.

Si la mère est sublime au pied d'un doux berceau,
Son rôle, à cinquante ans, est peut-être plus beau.
Qu'il est profond l'amour de la mère, à cet âge !
Qu'il reproduit de Dieu la séraphique image !
Si vous avez reçu ce don délicieux,
Sachez qu'on vous aima comme l'on aime aux cieux ;
Et ne recherchez pas d'amour plus doux sur terre !

Connaissant de nos jours le douloureux mystère,
De sa course ici-bas dépassant le milieu,
La mère, à cinquante ans, ne vit plus que pour Dieu.
Pieuse en tous les temps, elle l'est plus encore,
Et son soleil couchant éclipse son aurore.
Aussi, pour son enfant, qu'il est chrétien son cœur !
Qu'il est rempli d'amour, de force et de douceur !
Avec Dieu, son enfant, c'est son tout, c'est sa vie !...
Affection suave, indicible, infinie !....

Son enfant, c'est son tout : c'est son orgueil aussi !
Son labeur incessant, son éternel souci
Serait que la vertu de cet enfant qu'elle aime,
Égalât la vertu du plus vertueux même ;
Qu'il marchàt noblement à l'ombre de la foi,
Et que toujours l'honneur fùt sa suprême loi :
Il n'est pas, pour son fils, de grandeur trop sublime,
Elle voudrait le voir monter à toute cime,
Grand, moins de ces grandeurs plus faites pour les yeux,
Que de celle qu'on gagne, et qui descend des cieux.

Mon Dieu, pour son enfant, dans votre sanctuaire,
Je l'ai vue, absorbée, élever sa prière.
Quel spectacle, ô mon Dieu !... Quelle douce ferveur :
Et dans ses traits ravis quelle foi !... quel bonheur !
En vous, elle épanchait sa native tendresse ;
De son amour pour vous elle exhalait l'ivresse ;
Ses yeux avec ardeur se tournaient vers l'autel,
Ou s'élançaient brûlants tour à tour vers le ciel !
Je me suis arrêté : j'admirais !... et mon àme
Voyait un ange en elle, et non pas une femme.
Mêlant à votre amour l'amour de son enfant,

Son regard, devant vous, paraissait triomphant.
Elle vous imposait tous ses désirs de mère,
De combler de vos dons cette tête si chère,
De protéger ses pas, de l'aimer chaque jour,
Et de garder son cœur digne de tant d'amour !

Telle est pour nous la mère, et sa tendresse immense.
Aussi, l'entourons-nous d'une reconnaissance,
D'un respect, d'un amour, qui n'offrent rien d'égal.
Ici-bas notre mère est le bien sans rival !
Nous l'aimons sans oubli, sans borne et sans partage :
Jour serein, chant suave, océan sans rivage,
Fleur choisie et parfum du paradis du cœur,
L'expression dernière ici-bas du bonheur !!

Mais nous joignons toujours à cet amour si tendre,
Le plus profond respect auquel on peut prétendre.

J'aime ma bonne mère et chéris ce trésor :
Mais j'ai pour son nom saint plus de respect encor.
Je découvre en ses traits la majesté divine,
Je vénère son front, que la vieillesse incline.
Je l'aime, et cependant, j'éprouve, à son seul nom,
Le tremblement sacré d'un sentiment profond ;
Et parfois, pour parler à mon auguste mère,
Je voudrais abaisser mon front dans la poussière ;
Ses yeux graves et doux me prêchent le devoir,
Et son regard si pur paraît apercevoir
Le fond de mon cœur même et de ma conscience,
Que j'ouvre avec bonheur à son expérience.
J'en ferais volontiers mon premier Directeur :
Elle sait mes pensers, mes désirs, et son cœur
Pour moi trouve toujours une sainte parole
Qui raffermit mes pas, m'éclaire et me console.

De loin même je sens son maternel secours,
Et sa pensée à moi se présente toujours ;
Comme de Dieu partout je sens la main divine,
Sur moi, sa douce main à tout moment s'incline ;
Elle garde mes pas, m'avertit, me défend,
Et, le constant souci que je suis son enfant
Élevant mon esprit et doublant mon courage,
Je cherche à me montrer son noble et saint ouvrage.

L'ENFANT

A M. et Mme Édouard R...,
pour le baptême de leur fille Marie,
le 15 janvier 1877.

Talium est regnum cœlorum.
Le royaume des cieux est à ceux qui
leur ressemblent.
(Saint Mathieu, XIX 14,.)

Avec ses grands yeux bleus, son éternel sourire,
Avec son front d'azur où son âme respire,
Avec son innocence et sa naïveté,
Sa bonté, sa douceur, ses chants et sa gaieté,
Qu'il est charmant, l'enfant ! ! que nous aimons cet âge !
Pour captiver nos cœurs il a tout avantage :
Grâces, fraîcheur, entrain, et ce je ne sais quoi
De ce qui vient de naître inimitable loi.
Aussi plaît-il à tous : dans un autre lui-même

L'enfant trouve sa joie, et son bonheur suprême
Est, en société de l'ami de ses jeux,
De folâtrer rieur, et de bondir joyeux.
Il apporte au jeune homme, à la nouvelle mère
Le bonheur le plus pur qui soit sur cette terre.
Dans l'enfant, l'âge mûr place son doux repos ;
Le baiser de l'enfant allège ses travaux
Et console son cœur. Pour la triste vieillesse
Surtout, il est un charme, une aimable allégresse ;
Et devant le berceau de son petit enfant,
La grand'mère reprend son regard triomphant.

Aussi, pour l'accueillir au foyer domestique,
Quel bonheur ! quelle fête inouïe et magique !
Quels apprêts ! le plus pauvre est riche ce jour-là,
Et pour lui la mansarde a fait train de gala.
Il fait dans tous les yeux étinceler la joie,
C'est le pardon pour tous que le Ciel leur envoie.
Bonheur et don complets le jour où, sur son front,
Coule du bain sacré le flot pur et fécond,
Où le nom consacré qu'il reçoit sur la terre,
Lui garantit le droit d'appeler Dieu son père ;
Où la voix de l'airain qui chante dans la tour,
De la nouvelle mère annonce l'heureux jour,
Jour heureux et bonheur si profond dans son âme
Qu'elle ne connaît pas de plus heureuse femme.

Posséder un tel bien, c'est immense et bien doux !
C'est charmant de bercer l'enfant sur ses genoux !
Mais il est un bonheur, une tâche plus grande,
C'est d'élever l'enfant... Mission qui demande
Et toutes les vertus, et tous les dévouements :
Exercice sublime, et ravissants moments !

Posséder sous son toit un enfant, tout un monde,
Ce chef-d'œuvre inouï d'une main si profonde ;
Contempler chaque jour l'épanouissement
De cette aimable fleur et son accroissement ;
S'enivrer à loisir de cette poésie,
A ce foyer vivant renouveler sa vie ;
Surprendre dans l'enfant le merveilleux secret
De mille sentiments que, d'un voile discret,
Dieu dissimule ailleurs, en réjouir son âme ;
Guider de ce tissu la délicate trame,
Le former, l'assouplir ; constater chaque jour
Le progrès incessant de cette œuvre d'amour ;
Lire dans ces beaux yeux la splendide innocence,
L'affection du cœur et la reconnaissance ;
Être l'appui constant de ces faibles roseaux,
Leur espoir, leur bonheur, le remède à leurs maux,
Leur providence, enfin et leur père et leur mère,
O délice ! ô grandeur ! ô joies sur cette terre ! ! !

Et puis, l'enfant grandit, c'est le sort ici-bas.
En vain, à ces beaux jours, on veut fixer ses pas ;
A ces riants vallons, cette plaine fleurie,
En vain nous voudrions arrêter notre vie ;
Il faut marcher !... il faut gravir péniblement
Des coteaux d'ici-bas l'étroit escarpement ;
Et l'enfant qui longtemps fut la douce espérance,
Un jour, de ses parents devient la complaisance.
Ils pourront maintenant chaque jour décliner,
Le temps, vers l'océan, pourra les entraîner :
Ils ne descendront pas tout entiers dans la tombe,
Ils vivront dans leurs fils, et si leur pied succombe,
Leurs vertus, leurs talents, leur mérite et leur nom,
Resteront après eux, et se perpétueront.

*A Mme Julie B.-D., à P..., pour la naissance de
sa fille Léonie-Louise-Marie* (Rueil, 6 février 1872).

> *Filii tui sicut novellæ olivarum in
> circuitu mensæ tuæ.*
> Vos fils sont autour de votre
> table comme un plant de
> jeunes oliviers.
> (Psaume **cxxvii**.)

A tous ces chers petits il manquait une sœur,
A toi, bonne Julie, il manquait une fille :
C'était le vœu commun de toute la famille :
Il est enfin rempli, ce souhait de ton cœur !

Une mère en des fils met justement sa gloire :
Ils sont de son écrin les plus beaux diamants ;
Elle leur donne tout, ses forces, ses moments,
Rêvant pour eux un jour science, éclat, victoire.

Pourtant il manque encore à ce cœur un objet :
L'esprit est fait pour l'homme, et le cœur pour la femme ;
La femme vit surtout par le cœur, et son âme,
Par un sublime instinct, comprend d'un premier jet.

Aussi, pour partager les soins de sa carrière,
Pour remplir ces longs jours qui s'écoulent sans bruits,
Pour écouter son cœur... et charmer ses ennuis,
Il lui faut une fille... il le faut à la mère.

Une fille sent mieux, comprend son cœur ardent,
Et répond sans effort à sa vive tendresse :
Que dis-je ? cette enfant est, malgré sa jeunesse,
De sa mère, parfois, l'appui, le confident.

Dans l'enfant qui grandit la mère trouve encore
L'image d'elle-même et de ses jeunes ans,
Et dans ces yeux si purs, dans ces traits souriants,
La mère, en son déclin, sent vivre son aurore.

Aussi, réjouis-toi ! Bénis la main de Dieu !
Dieu, sur tous tes enfants, veillera comme un père :
Il est, lui, mieux que vous, et leur père et leur mère :
Ses mains les garderont à tout âge, en tout lieu.

Réjouis-toi ! Des cieux, il verse sur la plaine
Son onde bienfaisante et son fécond soleil ;
Il donne aux fleurs l'éclat, à l'abeille son miel,
Au passereau son nid, à la brebis sa laine :

Et tu craindrais pour eux... pour l'avenir, dis-moi ?
Non jamais ! Loin de toi ces faux discours du monde !
A l'égal de ton cœur, que ta foi soit profonde !
Réjouis-toi, Julie ! oui, oui, réjouis-toi ! !

Et reçois, de mes vœux, ce cordial hommage !
De nos ans écoulés souvenir fraternel.
Toi, mère, à tes berceaux, moi, prêtre, à mon autel,
Nous vieillirons unis et frères à tout âge !

———————

MAURICE

*A Maurice R... pour son baptême,
le 6 octobre 1878, fête du Saint-Rosaire,
à Saint-Laurent, à Paris.*

> *Milites sumus, Imperator, tui sed
> tamen servi Dei.*
> Nous sommes vos soldats, Em-
> pereur, mais en même temps
> nous sommes les serviteurs de
> Dieu.
>
> (Paroles de saint Maurice à l'Empereur Maximin,
> *(Office divin.)*

Maurice est un soldat, le nom seul le révèle.
Le voyez-vous courir où le clairon l'appelle,
Tiède de son baptême et du signe chrétien ?
Mais, Maurice, dis-moi, quel sort sera le tien ?
Car il est, de soldats, différentes espèces,
Comme il est divers rangs et diverses noblesses.
Seras-tu ce soldat digne du saint patron
Qui vient, aux fonts sacrés, de te donner son nom,
Ardent à te jeter au sein de la bataille,
Bravant avec fierté le fer et la mitraille ;
Défendant ton pays, et bénissant ton sort
Si tu devais pour lui t'exposer à la mort ?

Ou bien, moins offensif, au sein de la patrie,
De tes concitoyens défendras-tu la vie,
Devant les magistrats, assis dans le Palais,
Soldat de la parole et ministre de paix ? —

Ou, si tu ne choisis les lois et la justice,
Soldat, il est encore une sainte milice,
Celle de l'écrivain : défenseur valeureux,
Par ta plume, veux-tu venger le malheureux,
Éclairer les esprits, combattre pour le juste ;
Du beau, du vrai, du bon prêcher le droit auguste ? —

Mais je te vois entrer dans l'atelier poudreux,
Soldat-industriel, travailleur courageux.
Tu veux le mouvement, l'activité, la vie ;
Tu veux de la vapeur la sauvage énergie :
Salut, mécanicien ! savant ingénieur !
Honneur à ton travail ! béni soit ton labeur !

Mais non, mon fils : il est, sur cette belle terre,
Un plus noble combat, un plus saint ministère,
Qui demande à la fois, dans l'élu du Seigneur,
Les dons et les vertus de l'esprit et du cœur.
Du prêtre voudras-tu remplir le noble office ?
A l'autel, qu'il est beau d'élever le calice ;
De nourrir les esprits des saintes vérités,
Et d'entraîner les cœurs aux célestes beautés ;
D'être du malheureux le soutien et le père,
De relever celui qui souffre et désespère :
Ministère divin, austère mission,
Emploi charmant et fort, sainte occupation !

Mais, à tous mes discours, tu ne dis pas grand'chose,
Maurice, et semblerais n'être pas même en cause. —
Allons ! résignons-nous, et laissons cet enfant
Dans son charmant sommeil heureux et triomphant. —

Oui, dors, mon général, mon orateur habile,
Mon illustre écrivain à la plume subtile !
Dors, mon industriel, mon grand mécanicien,
Heureux d'avoir reçu le signe du chrétien !
Dors, mon doux prêtre, et rêve à ta future gloire !
Et qu'aujourd'hui, soldat, ta célèbre victoire
Soit de garder toujours ta prospère santé,
D'être, par tes parents, chaque jour plus vanté,
De faire le bonheur de ta chère nourrice,
Et de bannir au loin les pleurs et la malice.

Enfant, Dieu veillera sur ton tendre berceau :
Tu grandiras en paix et plus gras et plus beau.
Pour le moment, soldat, repose sans alarmes,
Car, près de ton berceau, ta mère est sous les armes ! !

RAPHAELA

A M. et Mme A. R.
pour le baptême de leur fille Raphaëla, baptisée à
Saint-Merri, le 20 février 1878.

> *Stetit Angelus juxta aram templi.*
> L'ange se tint près de l'autel du
> temple.
> (Apocalypse, VIII.)

Est-ce pour m'inviter à chanter votre enfant,
Que vous l'appellerez de ce nom triomphant,
Raphaëla ! Grand nom, mystérieux emblème !
Des dons les plus exquis l'image et le nom même !

Raphaëla ! nom saint par l'archange porté,
Et qui dit à lui seul : grâce, esprit, pureté !
Raphaëla ! ce nom qu'illustra sur la terre
Cet esprit surhumain et rempli de mystère,
Ce peintre au vol de l'ange, au talent merveilleux,
Qui peignait ici-bas ce qu'il voyait aux cieux !

Cependant, mes amis, le nom ne fait pas l'homme,
Et c'est par ses vertus qu'on fait son nom, en somme.
Vous ne nourrirez donc aucune illusion,
Vous mettrez de côté la fausse ambition,
En répétant le nom de votre enfant chérie :
La vertu, la bonté, l'aimable modestie
Sont de la jeune fille un plus bel ornement ;
Et son nom, quel qu'il soit, reste toujours charmant,
Quand, de ces qualités, il évoque l'image,
Et ces dons gracieux ne connaissent point d'âge.

A vous, mes chers amis, d'entourer cette fleur
Des soins dont ont besoin son charme et sa candeur.
Hier, à peine éclose au foyer domestique,
Et tout humide encor de l'eau sainte et mystique,
La voyez-vous sourire à votre tendre amour ?
L'Église la remet en vos mains, à son tour :
De Jésus, c'est la sœur, et de Dieu c'est la fille,
Et, la faisant entrer dans leur sainte famille,
Empressés, au saint lieu, les anges sont venus
Poser un doux baiser sur ses traits ingénus.

Quel honneur c'est pour vous de donner, sur la terre,
A cette auguste enfant votre appui tutélaire !
Vous en avez compris la sainte mission :

Ce sera votre joie et votre ambition
De conserver toujours, sans tache et sans souillure,
Le calice embaumé de cette âme si pure.
Le plus léger péril vous verra soucieux,
Et le moindre danger attentifs, anxieux ;
Et c'est par vos efforts et votre inquiétude,
Que, secondés de Dieu dans cette noble étude,
Vous ferez de l'enfant ce qu'il attend de vous,
Un être simple et grand, intelligent et doux.

Son mérite fera l'honneur de votre vie ;
Vos jours, aux doux parfums de cette fleur bénie,
Couleront..... et chacun, en la voyant, dira :
« Son nom n'est pas trop beau, c'est bien Raphaëla ! ! »

LA VEUVE

*Quæ vere vidua est, et desolata, speret
in Deum, et instet obsecrationibus
nocte ac die.*
Que celle qui est vraiment veuve et
désolée, espère en Dieu, et qu'elle
persévère dans la prière et le jour et
la nuit.
(I Timot, chap. v.)
(Fait au bord de la mer, juillet 1876.)

Comme au bord de la mer on voit de hautes herbes
Sur le sable étaler leurs langoureuses gerbes,
Lorsque de l'Océan le flot s'est retiré,
Ainsi le cœur humain, tristement séparé
Des objets qu'il aima sur cette froide terre,
Se dessèche et languit, inerte et solitaire.

De la femme surtout tel est souvent le sort ;
Où fleurissait sa vie, elle cueille la mort...
Mettant tout son espoir en ceux que Dieu lui donne,
Elle goûte sa joie, et sur eux s'abandonne,
Oubliant que le temps suspend tout ici-bas,
Que tout passe, emporté par le cruel trépas ;
Que nous n'avons de tout qu'une ébauche, une image,
Et que notre bonheur est sur une autre plage.
Mais, vain conseil ! la femme a trop besoin d'amour
Pour ne point s'attacher saintement chaque jour,
Et l'avenir en vain grondera sur sa tête,
Elle brave en aimant la mort et la tempête.

Avez-vous rencontré, s'avançant tristement,
Cette femme au teint pâle, à l'obscur vêtement ?
Sa figure est voilée et sa robe traînante :
Elle est de la douleur une image vivante :
Belle encore, et frappée en son midi soudain ?...
C'est la veuve !... O vous tous, qui suivez le chemin,
Arrêtez-vous ! respect à cette infortunée !
Découvrez-vous ! et que semblable destinée
De ceux que vous aimez ne soit jamais le sort !

Pour exprimer ce deuil apporté par la mort,
J'aurais à révéler ce qu'est un cœur de femme,
Tout ce que Dieu se plut à mettre dans cette âme
De dévouement, d'amour, d'angélique bonté,
De douceur, et surtout d'exquise pureté ;
Pour peindre cette plaie et ce profond abîme,
Il nous faudrait atteindre à la hauteur sublime
De ces dons merveilleux dont est jaloux le Ciel ;
Pour peindre cette angoisse et ce vide cruel,

De ce cœur il faudrait connaître la mesure.
J'ai dit la pureté dont l'orne la nature :
Don céleste en effet, le plus précieux don
Que Dieu fasse à la femme et qui pare son front :
Oui, si d'un souvenir gardienne sévère,
Elle aime après trente ans comme elle aima naguère ;
Si, parmi les plaisirs et les séductions,
Elle maintient son cœur vierge d'illusions ;
Si, depuis son veuvage et sa douleur profonde,
Elle va sans rien voir en traversant le monde,...
C'est que son cœur, pareil au plus limpide azur,
Fut noble saintement et profondément pur.

Cependant, elle aimait l'ami de sa jeunesse,
Elle le chérissait de toute sa tendresse,
C'était son doux espoir, sa vie et son bonheur,
Le charme de ses jours, le parfum de son cœur.
Elle bornait en lui son horizon sur terre ;
C'était son confident, son époux et son frère :
Convenance suprême, et sainte affection !
Sympathie ineffable et suave union !
Elle le chérissait, elle en était aimée !...
Et cette vie ainsi s'écoulait embaumée !
Elle l'aurait suivi dans le fond des déserts,
A travers les périls et par delà les mers,
L'entourant chaque jour de sa sollicitude,
Et faisant de ce soin sa plus charmante étude.

Et pourtant, par la mort, Dieu brisa cet hymen,
Il dénoua ce nœud qu'avait uni sa main ;
Il arracha l'époux à l'épouse adorée,
Il enleva le frère à la sœur vénérée ;
A la femme débile il ôta son appui

Et seule sur la terre !... elle reste aujourd'hui !...
Seule avec son amour, seule avec ses alarmes,
Avec son cœur broyé, ses regrets et ses larmes,
Seule avec ses trente ans, peut-être, et sans espoir
Avec ses souvenirs et l'austère devoir ! ! !

Vous la verrez souvent, absorbée, en prière,
Dans le champ du repos, où, couché sous la pierre,
Hélas ! son bien-aimé dort et repose en paix.
Sur ce tombeau chéri verdit un noir cyprès,
Image de son âme, et ses mains amaigries
Y cultivent pour lui les fleurs les plus choisies.
Elle prie, elle espère, et sa foi la soutient,
Car son âme est pieuse, et son cœur est chrétien ;
Cependant, sa douleur est immense,... et sa vie,
D'un éternel chagrin jusqu'à la fin remplie,
De l'infortune même est l'exemple ici-bas,
Et pour guérir sa plaie, il faudra son trépas ! ...

Mon Dieu, pourquoi frapper ces coups épouvantables ?
Pourquoi briser, mon Dieu, de vos bras redoutables,
Ces délicates fleurs et ces roseaux tremblants,
Ces femmes au cœur d'or, et ces pieds vacillants ?
Pourquoi leur faites-vous des natures aimantes,
Si vous broyez le cœur de ces chastes amantes ?
Sous ces poignants chagrins et sous ces deuils amers,
Vous avez donc caché des mystères divers :
Ils rappellent, Seigneur, à notre âme légère,
Qu'au-dessus des amours et des soins de la terre,
Un amour saint, profond, doit captiver nos cœurs,
L'amour de Dieu ; qu'enfin, à toutes nos douleurs
Il est un terme prompt, celui de cette vie
Que couronne un bonheur, une gloire infinie.

Et maintenant, ô veuve, accepte sans effroi,
Ce sort triste, que Dieu tempèrera pour toi !...
Répands, infortunée, en silence tes larmes... !
Mais unis l'espérance à toutes tes alarmes ;
Tu reverras un jour celui que tu chéris,
De tes saintes vertus ce bonheur est le prix :
Offre pour son repos ta peine et ton courage,
Sa délivrance ainsi sera ton noble ouvrage.
Et puis, cœur généreux,... s'il te faut de l'amour,
Eh ! bien,... l'amour, c'est Dieu ! ! Chéris-le chaque jour.
Viens souvent t'enivrer de cette sainte ivresse!
Viens abreuver ici ton ardente tendresse !
Le créé, c'est beaucoup ! mais il faut à ton cœur
De l'amour infini la divine grandeur !
Et souviens-toi toujours, noble et chrétienne femme,
Que ce grand Dieu lui-même est l'Époux de ton âme ! !

VISITE A L'ANCIEN CIMETIÈRE, A VICHY.

*A un jeune homme qui m'avait demandé d'aller prier
sur la tombe de son père, inhumé à Vichy.*

15 juin 1874
(Souvenirs des Eaux.)

Enfant, à peine ici, de ton humble supplique
Je me suis souvenu : je m'en fis un devoir !
Je me suis dirigé sur la demeure antique
        Où tous viennent s'asseoir.

Mais ici, comme ailleurs, ils n'ont plus le génie
Du silence, des morts et des grands souvenirs ;
La mort et noble et sainte a perdu sa magie :
    Ils n'aiment que plaisirs !

Aussi, loin de la ville, ils ont creusé la terre
Qui doit à l'avenir recevoir les mortels ;
Et je dus rechercher dans l'ancien cimetière
    Ces restes paternels.

C'était Dimanche... seul j'entrai dans cette enceinte ;
Un vent vif et strident soufflait autour de moi ;
Des morts abandonnés on aurait dit la plainte....
    Mais j'entrai sans effroi.

Près de la mort, au loin, retentissait la vie ;
Ici régnait la mort, à deux pas le plaisir,
Le casino joyeux, la bruyante harmonie :
    Qui pensait à mourir ?...

Nul ordre en ce séjour : la nature et ses charmes,
Les tombes pêle-mêle, et les herbes partout,
C'est l'ordre de la mort, des adieux et des larmes...
    La Croix était debout.

Respectueux, ému, j'interrogeai la pierre ;
Écartant les massifs d'une pieuse main,
Je lus les monuments de tout le cimetière,
    Hélas, ce fut en vain !

Tout différait : les noms, les états et les âges :
Ici, près du vieillard, l'enfant mort au berceau ;
Le pâtre, le marin, la paix près des orages,
Dormaient en leur tombeau.

Là, d'une jeune fille au printemps moissonnée
L'épitaphe gisait au gazon, sans honneur :
On lisait : « En un jour l'orage t'a fanée,
Douce et charmante fleur ! ! »

Plus loin, ceint de feuillage et d'épaisse verdure,
S'élevait le tombeau du ministre de Dieu ;
Je crus entendre autour l'harmonieux murmure
Des âmes de ce lieu.

Je n'avais point trouvé les restes de ton père,
Enfant ; mais qu'importait ? Dieu les retrouvera.
A genoux, à la croix, j'élevai ma prière,
Oh ! oui, Dieu l'entendra ! !

Je lui disais : « Seigneur, fais-lui miséricorde !
J'apprends à son enfant ici-bas ton amour :
En échange, mon Dieu, que ta bonté m'accorde
De les unir un jour ! »

Et puis, je m'en allai... Quoique à regret... mon âme
Aime en effet des morts le silence et la paix ;
En ce lieu je respire, et je sens qu'une flamme
M'élève aux biens parfaits.

Mais je veux retourner dans ce vieux cimetière :
Etranger à Vichy, je m'y croirai chez moi...
Cher enfant ; j'y joindrai, dans ma vive prière,
    Tes bons parents et toi.

LES MORTS

(Imité de Lamennais)
Vers inspirés, le soir de la Toussaint, par la sonnerie nocturne
de la veille des morts.

Le 1er novembre 1875.

> *Beati mortui qui in Domino mo-*
> *riuntur !*
> Bienheureux les morts qui meu-
> rent dans le Seigneur !
> (Apocal. chap. XIV.)

Il suivait lentement le sentier solitaire,
D'un beau jour de printemps, c'était vers le déclin ;
Tout au loin respirait le calme et le mystère :
    Il écouta soudain :

L'abeille avait gagné sa ruche industrieuse,
Les troupeaux vers l'étable avaient porté leurs pas ;
L'oiseau n'élevait plus sa voix harmonieuse,
Les feuilles sur l'ormeau ne tremblaient même pas ;
Tout dormait.... Seule, au loin, la cloche du village
Triste, se balançait, disant, dans son langage :
    « Pensez aux morts, qui sont là-bas ! »

Eux aussi, comme nous, ont passé sur la terre !
Ils ont aussi foulé les champs que nous foulons !
Ils ont cueilli les fleurs de notre pauvre sphère !
Ils riaient... ils pleuraient,... comme nous le faisons ! !
Ils descendaient joyeux le fleuve de la vie,
Sur ses rives, longtemps, vibra leur voix amie !...
      Puis,... rien !... en vain nous écoutons !

Le monde, à leurs regards, fit briller ses richesses,
Ses grandeurs, son éclat, ses fêtes, ses plaisirs :
Ombres pâles d'un jour, mensongères ivresses,
Qui de folles ardeurs enflammaient leurs désirs.
Ils contemplaient encor les séduisants mirages...
Tout à coup, la pâleur obscurcit leurs visages,
      Ils rendaient les derniers soupirs ! !...

Pour guider ici-bas leur course vagabonde,
Comme un rayon céleste, au loin brillait la croix !
Pour apaiser la faim qui dévore le monde,
Du temple s'élevait une divine voix ;
Pour consoler leur cœur le long de la carrière,
Montait comme un encens la suave prière ;
      Mais.... tous n'acceptaient point ces lois !

Il en fut qui disaient (ils se trompaient eux-mêmes) :
« Qu'est-ce donc que ces flots qui nous poussent au loin ?
« Trouve-t-on quelque chose aux rivages suprêmes... ?
« Nul ne l'a jamais su, nous ne le savons point ! ! »
Infortunés ! !... à peine ils tenaient ce langage,
Que, frappés par la mort, ils touchaient ce rivage,
      Et cette éternité sans fin.

Au contraire, plusieurs, sur leur front pacifique,
Portaient la profondeur de leur conviction ;
Ils semblaient, occupés d'une pensée antique,
Écouter, recueillis, avec attention :
Puis,... fixant le couchant, leur bouche harmonieuse
Célébrait tout à coup l'aurore radieuse
      De la bienheureuse Sion !

Semblables au vaisseau que chasse la tempête,
Tous, ils ont disparu, pêle-mêle entraînés !
Sortis des derniers rangs ou descendus du faîte,
Jeunes, vieux, rois, sujets... tous étaient emmenés !
On compterait plutôt les sables de la rive,
Que tous ceux qui, fauchés par la mort trop hâtive,
      Tombaient... pâles et consternés !

On nous a raconté que la noire tristesse
Avait appesanti sur eux sa lourde main ;
Que de leurs cœurs pressés l'angoisse et la détresse
S'exhalaient en longs cris, et meurtrissaient leur sein !
Et que, n'en pouvant plus, harassés de la vie,
Levant, vers le beau ciel, des regards pleins d'envie,
      Ils pleuraient,... du soir au matin !

On dit que l'on entend quelquefois, de leur tombe,
S'élever ces deux voix, alors que la nuit tombe :

« Du profond de l'abîme où je suis descendu, *
« Je fais monter vers vous mon ardente prière!
« O Seigneur !... que de vous mon cri soit entendu !
« Si vous scrutiez en Dieu ma coupable carrière,

* *De profundis.*

« Qui pourrait, ô Seigneur, subsister devant vous ?
« Mais je trouve un rempart contre votre courroux
        Dans vos bontés et ma misère ! ! »

L'autre : « Nous vous louons Seigneur ! *
« De l'univers entier recevez les hommages !
« Les anges et les saints chantent votre grandeur !
« Saint... Saint... Saint... est son nom jusqu'à la fin
                                [des âges ! »

Des splendeurs d'outre-tombe, oh ! parlez-moi toujours ;
Laissez-moi méditer cet infini mystère !
C'est mon bonheur, à moi ! ce sont mes seuls amours !
Et je suis fatigué de vivre sur la terre ! !...
Parlez-moi de Celui que j'aime, et dont j'ai faim !
De ce Dieu qui bientôt comblera dans mon sein
Ce vide qu'ici-bas rien n'a pu satisfaire ! !

Frères, après des jours consolés par la foi,
Vous nous avez quittés, et votre heure est venue !
La mienne aussi viendra ! C'est la commune loi !...
Alors, d'autres, à l'heure où tout bruit diminue,
Parcourant lentement les rustiques sentiers,
Comme moi, prêteront une oreille attentive
Au son triste et lointain de la cloche plaintive,
Qui dit : « Pensez aux morts, et pour les morts priez ! ! »

---

* *Te Deum.*

TROISIÈME PARTIE

APERÇU

SUR L'IMPORTANCE PHILOSOPHIQUE ET RELIGIEUSE

DE LA VRAIE POÉSIE

APERÇU

SUR L'IMPORTANCE PHILOSOPHIQUE ET RELIGIEUSE

DE LA VRAIE POÉSIE

CHAPITRE PREMIER

DE L'USAGE UNIVERSEL DE LA POÉSIE AU MOYEN AGE

Je lis au commencement de l'histoire de sainte Élisabeth de Hongrie par M. de Montalembert, ce témoignage touchant, rendu par l'histoire à un prince illustre de l'Allemagne du XIIIe siècle, le duc Hermann de Thuringe :

« Ce n'était pas seulement sa puissance qui lui attirait le respect de l'Allemagne, il se distinguait encore par sa générosité sans bornes, son instruction et sa piété. Il ne se couchait jamais sans avoir entendu ou fait lui-même une lecture tirée de l'Écriture sainte. Il avait étudié dans sa jeunesse à Paris, qui était alors le sanctuaire suprême de la science sacrée et profane. Il en avait apporté un amour très-vif pour la poésie : pendant tout son règne il fit recueillir avec soin les poèmes héroïques des anciens Germains, et entretenait à cette fin plusieurs écrivains occupés à transcrire les chants des vieux maîtres. Vivant à l'époque où la poésie catholique et chevaleresque jetait en Allemagne son plus pur éclat, il en comprit toute l'immortelle beauté. S'il ne put, comme l'empereur Henri VI et beaucoup d'autres princes et seigneurs de son temps, prendre place parmi les poètes, et entendre comme eux répéter ses vers dans les châteaux et les chaumières, nul d'entre eux, du moins, ne le surpassa en admiration du Gai savoir, en munificence et en affection envers les poètes ; ils formaient sa société habituelle, et étaient l'objet de sa plus vive sollicitude. Sa cour était en quelque sorte leur patrie à tous, et pendant toute sa vie orageuse, il ne démentit jamais cette prédilection de ses jeunes années. Aussi ont-ils célébré à l'envi sa gloire et ses qualités ; car son nom se trouve dans le Titurel, le Parcifal et tous les monuments les plus populaires de la poésie nationale. »

Puis, on lit plus loin : « Le duc consentit à cette condition, et présida à cette lutte solennelle (entre divers poètes célèbres), qui retentit dans toute l'Allemagne et à laquelle vinrent assister une foule de seigneurs et de chevaliers. Ils chantèrent tour à tour et sous les formes les plus variées, l'éloge de leurs princes favoris, les grands mystères de la religion, le mariage légitime de l'âme avec le corps après la résurrection, l'inépuisable clémence de Dieu, la puissance du repentir, l'empire de la Croix, et surtout les gloires de Marie, la bien-aimée de Dieu, neuf fois plus belle que la miséricorde, qui est elle-même plus belle que le soleil.

« Ces chants, recueillis par l'auditoire, se sont conservés jusqu'à nos jours, sous le titre de la Guerre de la Wartbourg. Leur collection forme encore aujourd'hui un des monuments les plus importants de la littérature germanique, à la fois comme un trésor des croyances anciennes et populaires, et comme un irrécusable témoignage du rôle immense que jouait la poésie dans la société, la science et la foi de ce siècle. »

CHAPITRE II

DE LA NATURE DE LA VRAIE POÉSIE

En commençant ce modeste aperçu sur l'importance de la poésie, j'ai voulu citer cette page qui montre en peu de mots ce qu'était, aux siècles de foi, au siècle du Dante, de saint Louis et de saint Thomas d'Aquin, la poésie chrétienne, le cadre immense qu'elle embrassait, l'influence qu'elle exerçait et l'estime profonde qu'avaient pour elle les plus beaux génies de ce temps si fécond en œuvres merveilleuses.

C'est ce qui me conduit à rechercher d'abord quelle est la vraie nature de cette poésie, de la poésie chrétienne, autrement dit, qui est la seule vraie poésie, comme nous le montrerons bientôt, non pas que je veuille apprendre ces choses à beaucoup d'excellents esprits de ce temps, dont la science littéraire et religieuse est bien supérieure à la mienne, mais parce que cette question m'a paru belle, digne d'un vif intérêt, et touchant à de grandes profondeurs. J'aurai un plaisir extrême à l'étudier aux meilleures sources, et d'ailleurs il est certain que généralement elle est peu étudiée et peu comprise. On a sur ce point de nombreux préjugés, ce qui tend à déprécier toujours davantage la poésie. On prend pour poésie ce qui n'en est pas, ou ce qui n'en est qu'une amoindrie et falsifiée, et l'on fait retomber sur elle ce qui n'est que le fait de l'erreur, de l'ignorance ou de l'incapacité. On ne sait plus étendre ses véritables horizons, la puiser à ses sources naturelles, et l'on se plaint alors, mais à tort, que ses eaux tarissent, que sa saveur est insipide, et, ne la connaissant plus que par des espèces de mauvais aloi, sans caractère et sans vie, on la relègue avec mépris parmi les contes du vieux temps et les jeux frivoles de l'enfance.

Or, c'est une erreur et une injustice. Nous le montrerons facilement. Pour le faire, nous nous aiderons le plus souvent d'autorités étrangères : nous ne pouvons mieux procéder dans une matière de cette importance, et nos assertions auront ainsi toute la valeur nécessaire.

Et, du reste, c'est plutôt ce que les maîtres nous ont appris et ce qu'ils enseignent, que notre opinion propre, que nous voulons redire. Mais ce sont les vrais maîtres que nous voulons citer, et nous voulons enrichir notre petit travail de ces pages fort curieuses et vraiment remarquables, que nous avons tenu à rassembler en faisceaux, afin de donner aux amateurs de vraie et solide littérature le moyen de les goûter plus facilement, de s'en imprégner à loisir et d'en rafraîchir leur mémoire sans fatigue. Nous n'avons pas d'autre prétention, et nous le ferons avec bonheur nous-même.

Je m'aiderai particulièrement de l'ouvrage de Mgr Landriot, de pieuse et savante mémoire, sur le symbolisme, et, à son témoignage d'une autorité si grande et si littéraire, je joindrai les plus remarquables que j'aie rassemblés sur cette matière.

Ainsi, d'abord, vraie nature de la poésie, son étendue naturelle.

« Le Seigneur a fait son discours le jour de la création, il a composé son livre, il a fait son grand poème, il a réalisé son chef-d'œuvre ; je me sers à dessein des expressions employées par les saints » (1).

« Voilà le symbolisme ! Remonter du créé à l'incréé, du visible à l'invisible ! Se servir de la création tout entière comme d'un piédestal pour monter plus haut. Voir les caractères divins, c'est-à-dire les créatures elles-mêmes, en admirer transitoirement la beauté extérieure, mais surtout en voir le sens, en saisir la pensée, en comprendre l'idéal ; lire cette pensée mystérieuse, c'est une logique divine, c'est une dialectique supérieure à toutes les autres, c'est le sens de l'homme de génie, du génie chrétien. Toute philosophie qui n'entendra pas ce langage, est condammée par là même à la vulgarité et à des inepties sonores ; ses adeptes ressemblent à des enfants qui se confineraient

(I) Symbolisme, p. 13.

toute leur vie dans l'étude de l'alphabet, et qui conserveraient néanmoins assez de suffisance pour se croire des génies. Là où manque le sens du divin, soyez sûrs que là aussi manque le sens du bien, du vrai, de tout ce qui fait la noblesse de l'intelligence et du cœur » (1).

« J'entends déjà les esprits positifs, les hommes qui ne croient qu'à la matière et qui n'entendent que le son du métal ; j'entends aussi les disciples de l'idée pure, je les entends tous s'écrier : Mais c'est là de la poésie ! — Oui, de la poésie, dans le sens élevé du mot ! c'est-à-dire la vérité revêtue de sa splendeur. C'est la vérité ornée de tous les charmes de la création ; c'est la parole de Dieu. Si, pour rendre ma pensée, j'allais emprunter les expressions de Bossuet et de Fénelon, vous n'auriez pas le courage de blâmer mon style : et lorsque j'emprunte les expressions de Dieu lui-même, c'est-à-dire ce langage magnifique de la création, immense draperie qui couvre de fleurs splendides la pensée de l'Éternel, vous appelez cela de la poésie, c'est-à-dire, dans votre pensée, un genre frivole, un vain mysticisme, de la logique à l'usage des enfants, et qui ne prouve que pour les esprits faibles ! Je réponds avec un profond penseur (2) : « Les poëtes ont cent fois plus de bon sens que les philosophes (vulgaires). En cherchant le beau, ils rencontrent plus de vérités que les autres n'en trouvent en cherchant le vrai. » — « Sou-

(1) Symbolisme, p. 19. — (2) Joubert, t. II p. 31 ; et t. I p. 313.

venez-vous que la (vraie) philosophie a une muse, et ne doit pas être une simple officine à raisonnement » (1).

Voilà bien la vraie poésie, et elle est dignement vengée des ignorants qui s'en moquent.

Voici une autre pensée qui étend, comme il est juste, l'horizon de la poésie, car la poésie n'est pas liée à une forme absolue, et nous avons en prose de véritables poètes.

« Je préfère mille fois ouvrir mon Évangile, entendre la parole fraîche de mon divin Maître, l'écouter avec amour, quand il m'exhorte à imiter le lis des champs, à me rendre semblable à l'oiseau du ciel qui voltige çà et là, sans inquiétude et sans préoccupation ; quand il me fait l'histoire complète de l'âme humaine, à propos d'un grain de blé. Donnez-moi encore, donnez-moi toujours les Œuvres de saint François de Sales, ce gracieux enfant de la Savoie, les livres ou plutôt les chants poétiques de saint Jean de la Croix : leur parole est aussi belle, aussi vivante que les lacs, les montagnes, les sites pittoresques des Alpes et des Pyrénées, que les scènes variées de la nature, auxquelles du reste ils empruntent de continuelles images (2). »

Que cela est vrai !

« Je suis les pas de Dieu, a écrit saint Grégoire le Grand, j'entrevois le Seigneur qui me montre la vérité dans les symboles que lui-même a faits, qui me parle en signes secrets, qui me parle en

(1) Symbolisme, p. 26. — (2) Ibid. p. 28.

souriant. C'est le murmure de la vérité divine, qui m'arrive à travers les beautés de la création. »

« Dante, dit M. Ozanam, croyait à cette maxime répandue parmi les sages de tous les temps, et surtout chère aux poètes : qu'il existe une harmonie préétablie entre les œuvres de Dieu et les conceptions humaines, et que l'homme est un abrégé de l'univers (1). »

Et Thomassin nous indique le procédé de l'âme qui veut rendre l'idéal entrevu : « L'âme, dit-il, pénétrée par les parfums et la saveur de la Divinité, cherche partout des formes, des figures, des symboles, pour exprimer ce qu'elle sent (2). » Et sentant Dieu dans la création, elle se sert de la création comme d'un instrument pour retourner à Dieu : la poésie véritable n'est pas autre chose.

Et c'est encore la pensée de l'illustre P. Faber, un théologien et un poète à la fois : « Il faut, dit-il, regarder chaque créature comme si elle était un sacrement, sous le voile duquel Dieu demeure caché (3). » Quel respect pour la créature ne prêche pas cet enseignement, et quelle poésie répandue par là même dans toute créature, les plus nobles principalement !

Mais il est intéressant de connaître sur cette doctrine le sentiment du théologien par excellence, saint Thomas d'Aquin. Or, entendons-le nous dire que « Dieu, comme un excellent Maître, a pris soin de nous laisser deux écrits

______

(1) Dante, p. 75. — (2) *De Deo*, l. 1. p. 235. — (3) Progrès, p. 473.

parfaits, afin de faire notre éducation d'une manière qui ne laissât rien à désirer : car, dit l'Apôtre, tout ce qui est écrit, est écrit pour notre enseignement. Ces deux livres divins sont la création et l'Écriture sainte. Le premier ouvrage a autant de chapitres excellents qu'il y a de créatures, et il nous enseigne la vérité sans mensonge. Aussi, quelqu'un ayant demandé à Aristote où il avait appris tant et de si belles vérités, il répondit : « Dans les choses, car elles ne savent pas mentir (1). »

Et un pieux auteur du moyen âge, ami de saint Thomas de Cantorbéry, complète cette pensée en disant que la création est un véritable Évangile corporel et visible, qui annonce le Verbe et publie sa gloire, *velut quoddam Evangelium corporale et visibile.*

Car, dit saint Augustin, « le Verbe est la lumière et la vie de ce monde ; c'est lui qui pare les étoiles de leurs beautés, la terre de ses couleurs, les mers de leur majesté ; qui répand sur tous les corps une lumière propre à les faire connaître, et qui donne à nos esprits une intelligence capable de nous élever jusqu'à lui, mais dont les hommes ne savent pas profiter : *Et mundus per ipsum factus est, et mundus eum non cognovit.* »

Et non seulement le Verbe de Dieu a donné à toute la création sa vie et son éclat, mais encore la création tout entière n'est que l'expression de la

---

1) Saint Thomas, Serm. 2, tom. XXVI.

pensée et de l'amour du Verbe, et Mgr Landriot nous dit que, dans son ouvrage *le Christ de la tradition,* il a longuement montré « que chaque créature correspondait à une pensée idéale qui était, et qui est encore dans le Verbe, à une pensée qui forme son divin exemplaire, et dont la reproduction est, pour tout être, le point le plus élevé de sa perfection ; que l'univers est l'expression des beautés du Verbe, la voix du Verbe, que toutes les créatures ensemble forment comme un seul chœur qui répète le même Verbe. »

C'est ce qu'à son tour exprime fort bien l'historien Rohrbacher, quand il écrit : « Poème veut dire littéralement création ; poète, créateur. En ce sens, Dieu est le vrai poète ; la création, le poème de Dieu. Le but de ce poème est la glorification de Dieu dans les créatures ; sa durée est le temps ; l'univers est le lieu : l'action marche d'une éternité à l'autre. Elle semble quelquefois suspendue, rétrograde même ; mais elle avance toujours, emportant avec elle les siècles et les peuples. Le Christ s'annonce et paraît : Dieu et homme, esprit et corps, il unit et réconcilie tout en sa personne. Il est le principe, le milieu, la fin de toutes choses. Qui le connaît bien, entend facilement le poème de Dieu ; qui le connaît mal, l'entend mal. Qui le comprendrait et l'aimerait... verrait que tout, jusqu'à un iota et un point, y est esprit et vie. La création entière lui serait une poésie, une musique où chaque mot, où chaque note est vivante et parlante. Ravi au-dessus de lui-même, il entendrait, il verrait, un saint nous l'a dit (saint Jean de la Croix), comment toutes les créatures ont en Dieu la vie, le mouvement et l'être. Il verrait comment, dans le Christ, si diverses qu'elles soient, si dissonantes qu'elles paraissent, elles forment une harmonie ineffable. La vue d'un oiseau, d'un brin d'herbe, suffirait pour éveiller en lui, comme en François d'Assise, le sentiment de ce divin concert. Son âme en extase, comme il est arrivé à sainte Thérèse, s'exhalerait spontanément en stances poétiques.

« Ah! ajoute-t-il, quand est-ce que nous verrons des poètes répondre à leur sublime vocation? quand s'élèveront-ils, par la vivacité de leur foi et de leur amour, jusque dans le sein du Poète éternel? Ils se plaignent qu'il ne leur reste plus rien à chanter : et les plus célèbres jusqu'ici n'ont fait que bégayer quelques vers du poème infini de Dieu (1) ! »

Je viens de citer le nom de saint François d'Assise. Je demande à mon bienveillant lecteur la permission de lui citer précisément une page d'admirable poésie, qui revient parfaitement au sujet qui nous occupe, tirée des *Fioretti* de cet aimable Saint. Voici donc ce que nous y lisons de lui.

« Il cheminait plein de ferveur, quand, levant les yeux, il vit, près de la route, des arbres sur lesquels se trouvait une multitude d'oiseaux.

____

(1) Tome III, p. 333.

Cette vue le remplit d'admiration, et aussitôt il dit à ses compagnons: « Attendez-moi ici, car il faut que j'aille prêcher les oiseaux, mes petits frères. » Et se dirigeant vers l'endroit où ils étaient posés, il se mit à prêcher ceux qui étaient à terre. A sa voix, les autres qui étaient encore sur les arbres, vinrent se réunir autour de lui et se tinrent immobiles durant tout le temps de sa prédication. Il avait même cessé de parler qu'ils demeuraient encore, et ils ne se dispersèrent qu'après avoir reçu la bénédiction de leur prédicateur. Saint François se promenait parmi ces oiseaux, qu'il caressait avec sa robe, et aucun d'eux ne s'envolait.

« Or, voici à peu près quelles furent les paroles de saint François en cette circonstance:

« Chers oiseaux, mes petits frères, vous devez
« à votre Créateur une bien grande reconnais-
« sance: oui, partout et toujours, vous devez lui
« rendre louanges. C'est à lui que vous devez de
« voler où il vous plaît; c'est lui qui vous a revêtus
« d'un double et triple vêtement; c'est lui qui, dans
« l'arche de Noé, a réservé quelques-uns des vôtres
« pour conserver votre race; c'est à lui que vous
« devez l'air que vous respirez. Et puis, voyez
« encore, vous ne semez pas, vous ne moissonnez
« pas, c'est Dieu qui vous nourrit; c'est lui qui
« vous donne les rivières et les fontaines pour y
« étancher votre soif; c'est à lui que vous devez
« les montagnes et les vallées où vous vous retirez,
« et les arbres où vous posez vos nids. Vous ne

« savez ni filer ni coudre, et c'est encore Dieu qui
« vous donne le vêtement, à vous et à vos petits.
« Votre Créateur vous aime donc beaucoup, puis-
« qu'il vous comble de tant de bienfaits ! Ah !
« gardez-vous, mes petits frères, de vous montrer
« ingrats envers lui ; rendez-lui au contraire le
« tribut de vos louanges. »

« Au moment où le Saint parlait ainsi, les oiseaux commencèrent à ouvrir le bec, allongèrent
le cou, étendirent leurs petites ailes, et inclinèrent
respectueusement la tête jusqu'à terre, montrant
ainsi, par toute leur attitude et le gazouillement
qu'ils faisaient entendre, l'extrême plaisir que leur
procuraient les paroles de leur prédicateur (1) »

Que les poètes nous parlent souvent ainsi, et
nous les écouterons toujours avec un plaisir infini.

Saint François, en effet, était un grand saint et
en même temps c'était un grand poète ; et, du
reste, d'après la théorie que nous établissons,
celui-là qui comprendrait le mieux Dieu et la
nature ainsi que leurs rapports, qui serait le plus
saint, en un mot, serait le plus grand poète ; et là
est l'explication de la magie dont est douée
ordinairement la parole d'un saint, qu'il soit un
Chrysostome ou un François d'Assise. Quant à ce
dernier, on le vit avec un habit pauvre et déchiré,
avec son extérieur chétif et son visage défait,
évangélisant et prêchant partout, et vous l'eussiez
rencontré chantant le long des routes des cantiques en français, et disant à tous ceux qu'il

(1) Fioretti, p. 46.

rencontrait, que lui et ses frères n'étaient que des mucisiens du bon Dieu (1).

Que lui importaient en effet ses haillons et le mépris des hommes : il était fou de son Dieu, et cela lui suffisait.

Et l'illustre Ozanam, un autre poète, se charge de nous expliquer ce langage :

« En effet, dit-il, ces pieux contemplatifs, qui semblaient devoir être irrévocablement dépouillés des faiblesses d'ici-bas, consentaient néanmoins à parer de toutes les grâces de l'expression l'austé-rité de leurs idées, soit par une miséricordieuse condescendance pour leurs disciples, soit par cet attrait naturel qu'éprouvent ceux qui sont bons pour ce qui est beau. Ils gardaient une affectueuse sympathie pour la création tout entière, qu'ils con-sidéraient non plus dans sa dégradation actuelle, mais dans la pureté primordiale du plan divin. Elle leur paraissait comme un feuillage que le vent de la mort emporte, mais qui jette de l'ombre et de la fraîcheur. Plus souvent, ils voyaient en elle une sœur, qui, d'une autre manière, exprimait les mêmes pensées qu'eux, et chantait le même amour. Ils en usaient de même dans le domaine du temps : les siècles, les évènements et les hommes n'étaient pour eux que prophéties et accomplissements, voix qui interrogent et se ré-pondent, figures qui mutuellement se répètent. De là cette admirable symbolique chrétienne, qui embrasse à la fois la nature et l'histoire, et

____

(1) Introduction française, p. 9.

lie ensemble tous les évènements visibles, en les prenant pour les ombres des choses qui ne se voient pas ; langue savante et sacrée, qui avait ses traditions et ses règles et qui se parlait dans le temple ; qui se traduisait quelquefois sur la toile et la pierre, par la statuaire et l'architecture. Le poète l'avait apprise de la bouche des prêtres ; et maintenant qu'il la répète à nos oreilles profanes, nous comprenons à peine, et nous considérons comme autant de témérités de son génie, ces images qui étaient pour lui autant de souvenirs familiers (1) ».

Et, avant de terminer ce chapitre sur la nature de la vraie poésie, écoutons encore Mgr Landriot, qui entre si avant dans le mystère de cet ordre à la fois physique et intellectuel.

« Le théologien, dit-il, le poète, l'artiste cherchent ces raisons des choses, qui sont partout imprimées en caractères visibles sur les œuvres de Dieu ; ils essayent de les pénétrer, ils expliquent ces hiéroglyphes divins. Dans cette recherche, ils ont un point de départ, qui manque trop souvent aux disciples de la raison pure, et je ne parle pas même ici de la tradition surnaturelle. Ce point de départ, ce fil qui les conduit dans le labyrinthe, ce sont les œuvres de Dieu : ils les admirent ; ils y rencontrent à chaque pas les traces de la Sagesse éternelle, *Vestigia Creatoris,* comme dit saint Grégoire le grand ; ils suivent ces admirables vestiges, et ils finissent par surprendre ainsi

(1) Dante, p. 221-223.

une partie des secrets divins. Dans ce chemin à la fois obscur et lumineux de la vérité, ils ont, pour les diriger, ces images translucides du monde invisible, *lucidæ imagines eorum quæ non videntur*. Ils arrivent ainsi à faire de l'univers entier une magnifique synthèse qui unit le ciel et la terre, l'invisible au visible, le fini à l'infini, le matériel à l'idéal, l'image à l'éternelle réalité. Ces hommes sont les vrais théologiens, les grands philosophes, les grands poètes, les sublimes artistes : ils ont compris le vrai symbolisme (1). »

On aurait donc bien tort de mépriser ce poète, puisque le monde même ne peut être expliqué sans lui.

Et nous résumerons ce que nous avons dit dans ce chapitre sur ce qu'est la vraie poésie, par cette analyse de notre premier guide :

« 1° Dieu a mis de son infinité partout, même dans le monde matériel. L'univers renferme, sous une forme finie, une partie des pensées de Dieu : c'est son poème, c'est son chant, c'est le reflet de la lumière éternelle, c'est l'écho des voix d'en haut, c'est le voile de l'invisible et la grande école de Dieu.

« Et 2° l'âme renferme en elle-même les formes idéales de la création, en sorte qu'il y a le plus intime rapport entre son intelligence et le monde sensible. Elle le comprend comme celui qui a au fond de son être le sens du beau poétique, comprend facilement les grands poètes, comme celui

(1) Symbolisme, p. 40.

6

qui a les formes du beau esthétique en son cœur, a l'intelligence facile de toutes les formes extérieures du beau. « On ne peut trouver de poésie nulle part, dit Joubert, quand on n'en porte pas en soi (1) ».

Pour moi, il me semble que là est le secret de la poésie et le don réservé du poète : l'intelligence de la poésie est un sens, le sens poétique ; ne l'a pas qui veut ; et, comme dans l'ordre surnaturel de la grâce, Dieu se révèle à qui il veut, au plus petit et au plus humble souvent ; de même, dans l'ordre qui nous occupe, la nature et la création ne livrent leurs ineffables secrets qu'à certaines âmes bien modestes souvent, retirées et silencieuses : sens qui remplit la vie et l'embaume, que le poète goûte partout, et dans les délices pures duquel il oublie facilement les vains bruits de la terre et les menaces insensées des méchants.

____

(1) Symbol. p. 81-2.

CHAPITRE III

ÉLOGE QUE LES PLUS BEAUX ESPRITS DANS TOUS LES TEMPS

FONT DE LA POÉSIE

Ayant vu dans le chapitre précédent ce qu'est la poésie en elle-même, et combien, bien comprise, elle mérite d'estime, nous entendrons maintenant, sans étonnement, les plus beaux esprits nous en faire l'éloge, et c'est à recueillir quelques-uns de ces témoignages si flatteurs que nous allons consacrer ce court chapitre.

Voici d'abord Aristote qui nous affirme qu'au moins sous certains rapports, « la poésie a quelque chose à la fois de plus philosophique et de plus sérieux que l'histoire. »

Le chancelier Bacon fait le plus grand éloge de la poésie : le P. Thomassin, dans sa Méthode d'étudier les poètes, interprète ainsi la pensée de ce grand homme : « Bacon dit que la poésie est une preuve que l'âme de l'homme est quelque chose de plus noble et de plus élevé que tout le monde, puisqu'elle s'en forme des idées d'une beauté plus achevée. La poésie relève les actions héroïques et les plus grandes vertus au-dessus de ce qu'elles sont, et elle les dépeint telles qu'elles devraient être, selon les lois de la vérité éternelle,

sans s'arrêter aux faits et à l'histoire, où la perfection est toujours fort limitée, au moins depuis la
chute du premier homme. Ainsi, il n'y a presque
que la poésie qui corresponde à l'étendue et à
l'élévation de l'âme raisonnable, et à sa supériorité
sur tout ce que ce monde sensible a de grand et
de beau (1) ».

Que cela est vrai et que cela est beau ! Oui, il
suffit de descendre profondément en soi-même,
d'y entendre chanter ces voix harmonieuses et
divines, que la terre n'a pu former puisqu'elles
dépassent considérablement toutes les beautés
sensibles, pour croire en Dieu, en ses perfections
infinies, en l'immortalité de nos âmes, et pour
attendre patiemment, au milieu même de nos
épreuves d'ici-bas, qu'enfin se lève le jour assuré
et prochain du bien sans mélange et de la beauté
sans nuage éternellement possédés. C'est la pensée
du poète qui n'aperçoit jamais les beautés de la
terre sans qu'elles n'élèvent immédiatement son
esprit et son cœur vers une beauté supérieure,
dont celles de ce monde ne sont visiblement pour
lui que les images.

Et je ne résiste pas au plaisir de citer ici une
page d'un livre modeste, mais fort beau; elle
revient à notre question. C'est une institutrice de
la Vendée qui parle.

« Moi-même je suis moins attristée que je ne
pensais l'être de la solitude profonde dans laquelle

(1) Préf. ch. xxxi.

je me trouve après le départ des enfants. Le calme, la paix, le charme du silence solennel qui règne dans notre maison à la chute du jour, s'étendent jusque sur mes pensées. Mon cœur se trouve heureux, et mon âme, que rien ne distrait dans la prière, prie même alors que ma bouche se tait ; et je m'endors satisfaite, et l'aube me trouve toujours impatiente d'accomplir ma tâche d'institutrice. Cette tâche, comme toutes les choses utiles de la vie, a son bon et son mauvais côté ; mais, en général, elle cache sous un aspect austère les jouissances les plus douces et les plus intimes. Quel bonheur j'éprouve, quand la journée commence, de voir toutes ces petites têtes brunes et blondes venir s'incliner devant moi, pour recevoir de ma bouche le bon souhait du matin ! Quelle bruyante joie éclate dans tous ces regards d'enfants ! Quelles grâces répandues dans leurs démarches ! Comme on aborde la maîtresse avec turbulence et candeur ! Quelle bonne foi dans les promesses qu'on lui prodigue et qu'on viole, avant même de les avoir entièrement formulées ! »

Et, un peu plus loin, ce poète, car c'en était un, Germaine, l'institutrice de campagne, s'entend juger ainsi :

« Votre âme, dit gravement M. Dupré, dans son enthousiaste langage d'artiste, est un foyer d'où sort une flamme qui naît, brûle et s'éteint sans le secours d'autrui ! Vous vivez de vos pensées comme les autres de celles qu'ils échangent dans le monde; et votre cœur est une lyre d'où s'échappent l'accord et le chant! Enfin, votre esprit, nourri de ses propres ressources, passe sa vie dans un long rêve, qui vous fait oublier la réalité de l'existence, c'est-à-dire la douleur. Tous les poètes sont ainsi faits. »

Oui, c'est bien vrai, tous les poètes sont ainsi faits; et ils ne demandent pas qu'on les plaigne.

Et, à quelque temps de là, la modeste Germaine ne peut s'empêcher de répondre:

« Aussi ne me suis-je pas défendue d'être poète. Eh bien ! Monsieur, il est pourtant positif que, quand vous avez parlé d'une lyre dont les cordes vibrent dans le cœur, je n'ai pu m'empêcher de me rappeler les chants divins, qui intérieurement ont si souvent consolé mon âme, en la berçant par les promesses de l'amour infini (1)!.... »

Mais revenons à notre éloge de la poésie, avec Bacon, qui nous dit que: « De là vient que la poésie semble avoir quelque chose de divin. » Et il ajoute: « Ce fut ce qui rendit autrefois la poésie si vénérable parmi les nations encore barbares, en un temps où toutes les autres sciences étaient ensevelies dans un profond oubli. »

« En parlant de la poésie, dit Mgr Landriot, nous n'entendons pas seulement le langage mesuré du rythme. Tout langage vivant, figuré, qui s'inspire aux sources de la nature, qui traduit, avec les symboles de la création, les idées du

(1) Une Maîtresse d'école (Lefort), p. 97, 122 et 125.

beau, du vrai et du bien, est pour nous le langage de la poésie: c'est dans ce sens que nous proclamons la poésie le plus beau langage de la philosophie et de la théologie, et que nous répétons avec M. de Humboldt, qu'il faut « renouveler l'alliance, qui autrefois unissait, en vue d'une œuvre commune, la philosophie et la poésie, » et nous comprenons l'étonnement de Gœthe écrivant à Schiller. « Je ne sais vraiment en quel endroit la pauvre poésie pourra se réfugier; car elle est pourchassée ici par les philosophes, les naturalistes et consorts (1). »

« Schiller, dit Mme de Staël, ne présente jamais les réflexions les plus profondes que revêtues de nobles images: il parle à l'homme comme la nature elle-même; car la nature est tout à la fois penseur et poète. Pour peindre l'idée du temps, elle fait couler devant nos yeux les flots d'un fleuve inépuisable; et pour que sa jeunesse éternelle nous fasse songer à notre existence passagère, elle se revêt de fleurs qui doivent périr, elle fait tomber en automne les feuilles des arbres que le printemps a vues dans tout leur éclat: la poésie doit être le miroir terrestre de la divinité, et réfléchir par les couleurs, les sons et les rythmes, toutes les beautés de l'univers.

« Le poète allemand comprend la nature, non pas seulement en poète, mais en frère, et l'on dirait que des rapports de famille lui

(1) Symbol. p. 142.

parlent pour l'air, l'eau, les fleurs, les arbres, enfin pour toutes les beautés primitives de la création (1). »

Enfin, disons-nous avec notre pieux et savant archevêque : « Il faut avoir l'esprit vaste et vigoureux pour saisir les analogies de l'univers et les coordonner avec leurs prototypes, et souvent tel lecteur a blâmé l'emploi de la comparaison, parce qu'il n'a jamais senti cette harmonie secrète qui est le lien de toutes choses, et qui fait des deux mondes « deux luths unisones (2). »

« L'idéal et le réel, dit Ozanam, forment, par leur réunion, l'essence même du symbolisme véritable. L'intelligence robuste des hommes d'autrefois comportait sans difficulté la présence de deux conceptions sous un même signe. Nos habitudes analytiques nous permettent à peine de saisir l'une ou l'autre, pareils à ces héros dégénérés de l'Iliade qui déjà ne soulevaient plus qu'avec effort la moitié des lourds rochers dont se jouaient leurs pères (3). »

Je terminerai ce concert d'éloges en faveur de la poésie par quelques fragments d'un discours plein de grâce et de philosophie fait en 1864 par M. Cochin, aujourd'hui décédé.

« Je voudrais établir, dit-il, que rien ne mérite autant d'être affirmé que ce qui ne peut être vu, et qu'il y a cent fois plus de réalités dans le monde

(1) Allemagne, 2ᵉ partie, p. 182 et 187.
(2) Symbol. p. 152.
(3) Dante, p. 296.

invisible que dans le monde visible. Sans le monde invisible, le monde visible deviendrait je ne sais quel pêle-mêle obscur d'existences d'un jour, se rencontrant sans se comprendre et sans s'aimer, comme une bataille où les ennemis se tuent sans se connaître, un monde inhabitable et bientôt inhabité. Le monde invisible nous déborde, il nous entoure, il nous enveloppe; c'est à lui que nous devons d'être hommes, et non pas seulement des animaux. Semblable au vaisseau qui, plongeant dans les ondes agitées et confuses sa partie inférieure, élève ses mâts et déploie ses voiles dans un élément plus pur, sous le soleil et à l'air libre, l'homme vit sur la terre par son corps, et, par son âme, dans le monde invisible.

« Avez-vous remarqué de quelles merveilleuses comparaisons les Livres saints ont enrichi la langue des hommes? Mer, vaste mer, tu n'es plus seulement une route pour mon commerce, tes flots ne se courbent plus seulement sous le sillon de mon navire; mais avec tes profondeurs, tes calmes sublimes, tes aspects brillants, avec tes écueils, tes orages, tu es à jamais l'image de ma vie! Nuage léger, tu n'es pas seulement le réservoir merveilleux d'où tombe, à des jours donnés, une pluie bienfaisante; nuage léger, quand tu couvres l'atmosphère comme aujourd'hui, je ne sais quelle teinte de mélancolie répandue sur la nature se communique à mon âme. Je vis en conversation avec toi. Marie Stuart, captive, peut s'adresser aux nuages, leur parler et leur dire : Nuages, messagers de l'air, je suis captive, vous êtes libres, allez de ma part saluer mon pays.

« Feu, élément mystérieux et puissant... volcan, étincelle, flamme, soleil, lumière, feu, la plus belle des créatures, tu as aussi un sens caché. On dit : le feu sacré du génie, le feu sacré de la vertu ! On dit : la lumière de la vérité ; et c'est au feu, à la lumière, qu'il m'est permis de dérober une image, lorsque je m'efforce de tirer de mes lèvres non pas une flamme, mais au moins une étincelle d'éloquence.

« Enlevez le monde invisible, le sens caché, le sens figuré, et la terre n'est plus qu'un vaste cimetière de vivants qui vont mourir, et de morts qui furent vivants.

« Que veut dire Idée ? Idée veut dire image. Nos idées sont donc des images, images de quoi ? Images d'un type supérieur et antérieur à l'homme, d'un type qui a ce caractère d'être perpétuel, universel, indépendant des hommes, indépendant des lieux, indépendant du temps. Qu'est-ce que ce type ? Je l'ai nommé :.... C'est Dieu ! (1) »

Peut-on faire un plus bel, un plus profond éloge de la poésie ? Et après cela, comment ne pas désirer d'être poète ?

------

(1) *Correspondant*, 21 mai 1864, p. 73, 79, 84.

CHAPITRE IV

ANTIQUITÉ, UTILITÉ ET CHARME DE LA FORME POÉTIQUE.

Je m'avance plus avant dans cette intéressante matière, et après avoir vu ce qu'est la poésie en elle-même et l'éloge qu'en font les plus beaux esprits, je l'étudie de plus près, et je considère attentivement son antiquité, son utilité et le charme merveilleux de sa forme et de ses rhythmes. Je prie le lecteur de vouloir bien me suivre quelques instants dans cette route que je lui ferai faire en compagnie d'esprits aussi érudits que distingués et gracieux.

I

« La poésie grossière dans ses premiers essais, dit le savant Docteur anglais Lowth, dans son ouvrage *De Sacra poesi*, fut avec le temps perfectionnée par l'art, et employée à des sujets utiles et agréables. Comme elle devait sa naissance aux affections de l'âme, et que, aidée des charmes de l'harmonie, elle peignait les objets avec la plus grande vivacité, on la jugea éminemment propre à exciter les émotions intérieures, et à agir sur l'esprit avec plus d'efficacité que ne le pouvaient faire lesraisonnements abstraits. Ce fut à la poésie qu'on eut recours toutes les fois qu'on eut besoin d'émouvoir les sens, d'exciter les passions, de captiver l'oreille, de fixer l'attention, et de faciliter les opérations de la mémoire. Dès lors, le récit de toutes les actions dont on voulut garder le souvenir, fut fait en vers et orné de tous les charmes du style et du langage. Cet emploi fut confié à des hommes qu'on appela Sages. La poésie fut spécialement destinée à peindre les faits éclatants, à embellir les préceptes de la religion et de la vertu, à chanter la magnificence du Créateur, à consacrer la mémoire du passé et les prédictions de l'avenir. On retira pour ces différentes choses une grande utilité de l'art des vers ; mais le plus grand bienfait de cet art, c'est d'avoir, au défaut de l'écriture encore inconnue, ou du moins peu répandue dans ces temps reculés, conservé seul et transmis jusqu'à nous, à travers les siècles, les monuments historiques les plus importants.

« Telle a été l'origine et l'usage incontestable de la poésie parmi les nations païennes. Les Grecs n'eurent pendant longtemps que des traditions en vers. Un certain Phérécides, de l'île de Scyros, contemporain de Cyrus, et qui vécut quelques siècles après Homère et Hésiode, publia le premier discours en prose.

« Quelque temps après, Cadmus de Milet composa son histoire : les lois elles-mêmes étaient en vers et adaptées à des mesures musicales ;

telles étaient les lois de Charondas, qu'on chantait aux banquets des Athéniens, et celles que les Crétois faisaient apprendre aux jeunes gens libres, avec des accompagnements de chant, afin que ces préceptes, embellis par l'harmonie, se gravassent plus profondément dans leur mémoire. Selon Strabon, les Turdétans, nation d'Espagne, écrivaient leurs lois en vers. Les Germains, au rapport de Tacite, n'avaient d'autres annales que des poèmes dans lesquels ils célébraient les exploits héroïques de leurs ancêtres.

« Chez les Hébreux, la poésie n'eut pas d'autre origine ni d'autre emploi. Quelques traces de langage poétique qu'on trouve dans les écrits de Moïse, portent à croire que l'invention de cet art remonte chez eux à la plus haute antiquité (1). »

Et le savant P. Thomassin confirme ces intéressantes vérités.

« Ce témoignage de Plutarque (que nous citerons ensuite), dit-il, me paraît avoir un rapport fort admirable et fort surprenant avec nos Écritures. Car il est visible dans les livres du Vieux Testament, que les premiers livres qu'on écrivit furent composés en vers, ou mêlés de vers et relevés de toute la pompe de la Poésie ; que l'on usa très-souvent d'Hymmes, de Psaumes et de Paraboles ; que la Philosophie ne fut point autrement écrite par Salomon ; que la musique fut jointe à ces sortes de poésies anciennes ; que les Prophètes se servirent d'instruments de musique, pour s'élever

____

(1) Traduction de M. Roger, tome I, p. 23.

au-dessus d'eux-mêmes et pour entrer dans l'enthousiasme ; enfin, que les simples bergers, comme David, furent capables, non seulement de comprendre, mais de débiter en vers et en Psaumes cette ancienne Théologie (1).»

Et voilà maintenant le remarquable témoignage de Plutarque.

« Il fut un temps, dit-il, où les vers, les poèmes et les chansons étaient, s'il est permis de le dire, la monnaie courante du langage. L'histoire, la philosophie, les passions, enfin tout ce qui demandait un style plus relevé, était du domaine de la poésie et de la musique. Ce qu'aujourd'hui peu de personnes sont en état de comprendre, tout le monde en avait l'intelligence, et entendait avec plaisir chanter, jusqu'aux laboureurs, aux bergers et aux oiseleurs, comme dit Pindare. Bien plus, cette facilité pour la poésie faisait employer la musique et les vers à corriger les mœurs, à donner librement des avis utiles, à conseiller la vertu, à renfermer des leçons de sagesse dans des fictions ingénieuses. Les louanges mêmes des dieux, les vœux et les cantiques empruntèrent les charmes de la poésie et l'harmonie du chant. Dans les uns, c'était un talent naturel ; dans les autres, l'effet de l'exercice et de l'habitude (2). »

J'ai aussi, dans mon enfance, entendu, à la fin des repas de famille, des chants fort honnêtes et bien doux : aujourd'hui, aux environs de la

---

(1) Thomassin, Méthode d'étudier les poètes, liv. Ier, p. 126.
(2) De Pyth. oracul. liv. II, chap. xxiv.

Capitale du progrès, les choses ont bien changé, et les chants que l'on y entend ne sont pas précisément les chants de Plutarque : ils ne sont ni si pacifiques ni si moraux !

Écoutons encore le docte Strabon :

« Ératosthène enseigne que les poètes ne donnent pas d'instruction et qu'ils font tout uniquement pour plaire. Mais cela est faux, et contraire à l'opinion des vrais sages, qui appellent la poésie une sorte de première philosophie, *primam quamdam philosophiam*, qui fait notre éducation et nous enseigne en nous charmant ; et même nos auteurs disent que le poète est le seul vrai sage. Les enfants commencent dès le bas âge à apprendre les poètes, non point seulement par récréation, mais pour se former à la vertu ; l'éloquence de la vraie poésie a précédé celle de l'art oratoire ; puis le langage est descendu à la prose, comme dans une sphère inférieure, et le seul nom de *pedestris,* pédestre, que l'on donne à la prose, indique que le premier rang appartient à la poésie (1). »

Le savant et religieux Lowth défend également la poésie contre ses détracteurs, et en même temps il nous rappelle de nouveau sa sublimité et la noblesse et l'utilité de sa vocation. Écoutons-le encore un instant :

« Nous voyons par tous les Livres saints que toutes les prophéties, presque sans exception, ont été exprimées en vers. L'Esprit divin qui remplissait les prophètes, leur donnait tout à la fois

____

(1) Strabon, liv. I, chap. IV, n° 10.

et la vision des choses futures, et la faculté d'exprimer ce qu'ils voyaient dans toute la magnificence et l'énergie du style poétique, sans doute afin que la sublimité de l'expression fût égale à la sublimité de ces pensées divines, si au-dessus de toute conception humaine.

« En considérant la poésie sous cet aspect, quelle louange, de toutes celles qu'on lui a données jusqu'ici, ne paraîtra pas au-dessous de la vérité ! Par quels exemples, mieux que par ceux que nous fournissent les poètes hébreux, peut-on confondre les détracteurs de cet art divin ? Qu'on cesse donc de vouloir rendre la poésie responsable du crime de quelques hommes qui en ont abusé, comme on abuse des meilleures choses ! Qu'on cesse d'accuser d'impiété et de vanité un art que Dieu a accordé aux hommes pour les usages les plus saints, et qu'il a lui-même, par son exemple et par son autorité, consacré aux ministères les plus augustes !

« C'est du reste une opinion générale répandue parmi les poètes grecs, que la poésie a une origine céleste : opinion absurde, sans doute, si l'on considère l'usage que les Grecs ont fait de cet art, mais juste et fondée si nous en faisons l'application aux Hébreux.

« Les Grecs regardaient la poésie, non comme une invention humaine, mais comme un présent de la Divinité. Ils honoraient les poètes comme des ministres et des interprètes des dieux. Les pompes de la religion, les cérémonies publiques étaient embellies chez eux des ornements de la poésie. Les monuments littéraires les plus antiques qui nous restent encore de ce peuple ingénieux, sont des oracles et des prophéties exprimées en vers. Aussi l'opinion sur l'origine céleste de la poésie, opinion commune à tous les hommes dans ces siècles reculés, survécut chez les Grecs à la poésie même, et se conserva lors même que, par un abus monstrueux des fictions, la poésie et la religion se furent corrompues mutuellement (1). »

Et le docteur Lowth nous dit un peu plus loin, en traduisant la sainte Écriture, que l'utilité de la poésie fut généralement reconnue dans tous les temps chez le peuple de Dieu, et qu'il suffisait, pour acquérir une haute réputation de science et de sagesse « d'entendre un proverbe, et de pouvoir l'interpréter, de comprendre les paroles des sages, et d'avoir l'intelligence de leurs profondes pensées (2). »

Et, du reste, l'usage si fréquent qu'ont fait de la poésie et du langage figuré les plus grands écrivains de tous les temps et de tous les pays, nous démontre encore l'utilité et le charme de cette manière de parler. C'est la pensée même de Mgr Landriot dans ce passage du *Symbolisme*:

« La Bible, dit-il (et nous mettons en ce moment de côté la question surnaturelle), la Bible, les livres orientaux, les ouvrages des grands

____

(1) De pœsi sacra, tome. I, p. 5 et 6.
(2) Prover. 1, 6, Sages. viii, 8.

philosophes et des grands mystiques, sont semés
de comparaisons comme les prairies sont émail-
lées de fleurs. Le prophète Isaïe est en particulier
un exemple très-frappant de cette vérité. Il n'est
pas un chapitre où les beautés de l'univers, les
usages de la vie, et tous les faits de la création
visible ne soient passés en revue pour en extraire
un sens divin, une conclusion morale. Notre
divin Maître n'a pas d'autre méthode: la création
est son livre, et il en tire les plus beaux enseigne-
ments. Les apôtres sont le sel de la terre, la
lumière du monde: il veut que nous imitions
la confiance des oiseaux du ciel, qui ne sèment
point et ne moissonnent point, du lis des campagnes, que le Père céleste revêt des plus splendides vêtements. Le figuier, l'homme qui bâtit
sur le sable, le vin nouveau, la brebis et le
pasteur, la semence et la terre qui la reçoit, le
grain de sénevé, le levain, l'ivraie, le trésor, le
marchand, le filet, la vigne et les ouvriers, tout
devient sur les lèvres de Jésus-Christ la matière
d'un enseignement tour à tour suave, ferme,
énergique, consolant et toujours lumineux.

« J'ouvre les Pères de l'Église, les Chrysostome,
les Grégoire de Nazianze, les Basile, les Ambroise,
les Grégoire le grand ; je parcours les ouvrages
des grands mystiques, de saint François de Sales,
de sainte Thérèse, de saint Jean de la Croix:
toujours le même usage de la comparaison, de
l'allégorie, du symbolisme ; les fleurs de la pensée
en compagnie des fleurs de la nature y sont

prodiguées avec une sorte de complaisance. Le même phénomène se retrouve dans les écrits des philosophes, des grands poètes de l'antiquité et des temps modernes. Lisez Platon, Homère, Cicéron, Virgile, Dante, Fénelon, Gœthe, Schiller, Lamartine, etc; la création semble s'animer sous leur plume et rendre des sons harmonieux qui redisent les beautés d'un autre monde.

« Voilà un fait, on ne s'en débarrasse pas en disant : c'est de la poésie, la comparaison ne prouve rien. On ne traite pas avec cette légèreté l'élite du genre humain, et la raillerie n'est pas une réponse aux œuvres du génie (1). »

II

Quant au charme même de la forme poétique, du langage mesuré et rhythmique, il résulte de tout ce que nous avons dit dans ce chapitre, puisque nous y avons longuement montré que c'est précisément ce charme universellement reconnu qui a fait donner si souvent la préférence à la poésie sur la prose. Qui n'en fut pas le juge soi-même ? Que de fois, à la lecture de beaux vers, n'avons-nous pas été charmés, ravis ? Était-ce encore un langage terrestre qui frappait nos oreilles ? ou bien, nous était-il donné d'entendre, dans une sphère idéale, quelque chose des har-

(1) *Symbolisme*, p. 121.

monies divines ? Origine évidente de cette opinion qui faisait, de la poésie, le langage des dieux.

Et je m'aiderai, pour le redire, du témoignage d'un illustre rhéteur, habile poète lui-même, La Harpe, qui devait à son nom de chanter sur la lyre.

Il s'agissait du ve Acte de la tragédie de Cinna, et du pardon accordé généreusement par Auguste à ce conspirateur. La Harpe fait allusion à ces vers, dont voici quelques-uns. Auguste parle à Cinna :

« Et tu sais que, depuis, à chaque occasion,
Je suis tombé pour toi dans la profusion :
Toutes les dignités que tu m'as demandées,
Je te les ai sur l'heure et sans peine accordées ;
Je t'ai préféré même à ceux dont les parents
Ont jadis, dans mon camp, tenu les premiers rangs :
A ceux qui, de leur sang, m'ont acheté l'Empire,
Et qui m'ont conservé le jour que je respire. »

Et plus loin :

« Tu t'en souviens, Cinna ; tant d'heur et tant de gloire
Ne peuvent pas sitôt sortir de ta mémoire :
Mais ce qu'on ne pourrait jamais s'imaginer,
Cinna, tu t'en souviens... et veux m'assassiner ! »

Et la suite.

Et voici ce qu'en pensait La Harpe :

« Tel est, dit-il, l'avantage inappréciable des beaux vers, telle est la supériorité qu'ils ont sur la meilleure prose, que la mesure et l'harmonie ont mis dans toutes les bouches ce qui demeurait comme enseveli dans les écrits d'un philosophe, et n'existait que pour un petit nombre de lecteurs. Cette précision, commandée par le rhythme poétique, a tellement consacré les paroles que Corneille prête à Auguste, qu'on croirait qu'il n'a pu s'exprimer autrement ; et la conversation d'Auguste et de Cinna ne sera jamais autre chose que les vers qu'on a retenus de Corneille (1). »

———

(1) *Cours de Littérat.* tome IV.

CHAPITRE V

COUP D'ŒIL RAPIDE SUR LES PLUS BELLES ŒUVRES POÉTIQUES
DE TOUS LES TEMPS.

Je terminerai cet Aperçu sur la poésie par une revue rapide et superficielle des œuvres poétiques les plus remarquables de tous les temps, parmi les Hébreux, aux premiers siècles chrétiens, au moyen âge et dans nos temps modernes. Mon but est surtout de rappeler quelques œuvres de poésie vraiment dignes de ce nom, et de remettre devant les yeux les sources fécondes d'où s'échappent toujours la vraie inspiration et la vraie poésie.

Je citerai quelques morceaux, je rapporterai les témoignages de critiques illustres. Je n'ai que l'embarras de choisir au milieu de tant de beautés ! J'aurais voulu me dispenser de ce chapitre : je me sens entraîné. Ces parcelles d'or du génie de quelques vrais poètes seront la démonstration de tout ce que nous avons établi dans ce modeste aperçu.

PREMIÈRE SECTION

LA POÉSIE DE LA BIBLE.

1° « En aucun temps, dit M. Roger, traducteur du Docteur Lowth, on n'étudia sans fruit la poésie des Livres saints. Elle inspira les grands orateurs du christianisme naissant. Elle fournit à Bossuet ces mouvements et ces images qui le séparent des autres écrivains. Racine et Rousseau lui doivent leurs plus beaux vers.

> Imitez cet exemple, orateurs et poètes :
> L'enthousiasme habite aux rives du Jourdain,
> Au sommet du Liban, sous les berceaux d'Eden (1). »

« C'est, en effet, l'enthousiasme qui forme le caractère de la poésie sacrée. Saillies vives et impétueuses, élans rapides de l'âme, tous les transports des passions les plus violentes : la haine, la colère, l'indignation, la pitié, l'amour, l'orgueil de l'espérance, l'abattement du désespoir, voilà le fond qui se reproduit sans cesse avec des expressions enflammées. Une vivacité de mouvements qui supprime toutes les liaisons du discours, l'accumulation des plus fortes ellipses, des métaphores les plus hardies, les plus inattendues, les plus éloignées du génie des autres langues, voilà tout l'artifice de ce style inimitable. »

(1) M. de Fontanes.

« Le Docteur Lowth, dit-il encore dans sa Préface, accorde aux écrivains hébreux la prééminence la plus absolue sur les Grecs et sur les Romains, pour le sublime de pensées, d'images et d'expressions. C'était le sentiment de Bossuet et de Fénelon. Un rhéteur moderne, cité avec éloge par Rollin, trouve Horace et Virgile froids et rampants à côté de Moïse. Homère, s'il ne paraît pas froid, semble quelquefois bien long auprès des écrivains hébreux ; il a rarement leur éloquente rapidité. Le langage des prophètes est prompt et foudroyant comme la colère du Dieu d'Israël. Il brille dans la peinture des objets terribles et magnifiques, et c'est là surtout que se place le sublime. »

David avait dit :

« Nations de l'univers, louez toutes le Seigneur !
« Que ces pages soient écrites pour les généra-
« tions futures, et les peuples qui n'existent point
« encore, béniront le Seigneur. »

« Il est exaucé, dit à ce sujet M. de Maistre : parce qu'il n'a chanté que l'Éternel, ses chants participent de l'Éternité ; les accents enflammés confiés aux cordes de sa Lyre divine retentissent encore, après trente siècles, dans toutes les parties de l'univers. La synagogue conserva les psaumes ; l'Église se hâta de les adopter ; la poésie de toutes les nations chrétiennes s'en est emparée, et depuis plus de trois siècles, le soleil ne cesse d'éclairer quelques temples dont les voûtes retentissent de ces hymnes sacrées. On les chante à Rome, à Genève, à Madrid, à Londres, à Québec, à Quito, à Moscou, à Pékin, à Botany-Bay ; on les murmure au Japon. »

« Race sàinte, race bénie, écrit Lamennais, que ses croyances, ses lois, ses mœurs, séparaient des races profanes, avec lesquelles il lui était défendu de se mêler, et sur qui, conduite par un chef mystérieux annoncé dès les premiers temps et perpétuel objet de son attente, elle devait un jour étendre sa domination. De là, dans les poèmes hébraïques, quel qu'en soit d'ailleurs le sujet, un fond unique alors de spiritualisme sévère quant à la pensée, bien que l'expression abonde en images, et une aspiration véhémente vers l'avenir, où, sous un voile mystique, germaient les grandes espérances du peuple de Dieu. Impatiente du présent, haletante de désir, toute sa poésie est prophétique : elle est prophétique dans les hymnes, les prières, dans les chants passionnés, les avertissements, les imprécations, les menaces de ces hommes étranges, qui tout à coup saisis de l'Esprit, au fond des solitudes où d'ordinaire ils vivaient retirés, lançaient leur parole ardente contre les hommes d'iniquité, contre la multitude rebelle au Dieu de ses pères, contre les grands, les rois, dont l'exemple la détachait de son culte, contre les prêtres corrompus et prévaricateurs ; elle est prophétique, soit qu'elle rappelle en de graves sentences les préceptes de la sagesse, soit qu'elle soupire les chastes amours de l'époux et de l'épouse, soit qu'en des récits d'une grâce ravissante elle peigne les mœurs des âges primitifs, la suave innocence de cette vie antique qui s'écoulait sous un ciel pur, calme et limpide comme l'eau du rocher, au milieu des champs et des pâturages (1). »

2° Faisons maintenant quelques citations de cette poésie admirable des Livres saints, en nous rappelant cependant qu'elle se trouve maintenant dépouillée de la richesse de son idiome propre et d'une harmonie rhythmique que nous ne connaissons plus. J'ouvre d'abord le prophète Isaïe, et j'en lis quelques passages :

I

DU PROPHÈTE ISAIE.

« Venez... quand même vos péchés seraient semblables à l'écarlate, ils deviendront blancs comme la neige ; quand ils seraient rouges comme du vermillon, ils deviendront blancs comme la laine.

« Votre argent s'est changé en écume : votre vin a été mêlé avec de l'eau.

« Je vous purifierai de toute votre écume ; j'ôterai tout l'étain qui est en vous. » (Chap. 1.)

« La terre souffrira des élancements qui la déchireront, des renversements qui la briseront, des secousses qui l'ébranleront.

(1) *De l'art et du beau,* p. 231.

« Elle sera agitée, et elle chancellera comme un homme ivre ; elle sera enlevée comme une tente dressée pour une nuit : elle sera accablée par le poids de son iniquité, et elle tombera sans que jamais elle s'en relève. » Chap. xxiv. —

« Le Seigneur brisera sur cette montagne la chaîne qui tenait liés tous les peuples : il rompra la toile que l'ennemi avait ourdie, et qui enveloppait toutes les nations.

« Car la puissance du Seigneur reposera sur cette montagne, et Moab sera brisé sous lui, comme le sont les pailles par la roue d'un chariot.

« Et le Seigneur étendra ses mains sur lui, comme un homme qui nage les étend pour nager : il déploiera toute la force de son bras pour détruire son orgueil. » (Chap. xxv.)

« Voici donc ce que dit le Seigneur Dieu : Je vais mettre pour fondement de Sion une pierre, une pierre éprouvée, une pierre angulaire, pré-cieuse, qui sera un ferme fondement. Que celui qui croit, ne se hâte point.

« Et j'établirai un poids de justice, et une mesure exacte d'équité, et la grêle détruira l'es-pérance du mensonge, et un déluge d'eaux em-portera la protection qu'on en attendait.

« Alors l'alliance que vous aviez contractée avec la mort sera rompue, et le pacte que vous aviez fait avec l'enfer ne subsistera plus ; lorsque les eaux se déborderont comme un torrent, vous en serez accablés. » (Chap. xxviii.)

« Le Seigneur mènera son troupeau dans les pâturages, comme un pasteur ; il rassemblera dans ses bras les petits agneaux, et il les prendra dans son sein ; il portera lui-même les brebis qui sont pleines.

« Qui est celui qui a amassé les eaux dans le creux de sa main, et qui, la tenant étendue, a pesé les cieux ? Qui soutient de trois doigts toute la masse de la terre ? Qui pèse les montagnes et qui met les collines dans la balance ?

« Voici que les nations ne sont devant lui que comme une goutte d'eau qui tombe d'un seau, et comme ce petit grain qui fait à peine pencher la balance.

« Tout ce que le Liban a d'arbres ne suffirait pas pour allumer le feu du sacrifice qui lui est dû ; et tout ce qu'il y a d'animaux serait trop peu pour être un holocauste digne de lui. » (Chap. xl.)

« Leurs toiles ne leur serviront point à se couvrir, et ils ne se revêtiront pas de leur travail ; car leurs travaux sont des travaux inutiles, et l'ouvrage de leurs mains est un ouvrage d'iniquité.

« Nous allons comme des aveugles le long des murailles ; nous marchons à tâtons, comme si nous n'avions point d'yeux ; nous nous heurtons en plein midi, comme si nous étions dans les ténèbres, nous nous trouvons dans l'obscurité, comme les morts.

« Nous rugissons tous comme des ours ; nous gémissons et nous soupirons comme des colombes ;

nous attendions un jugement, et il n'est point venu.

« Il s'est armé de sa justice comme d'une cuirasse, et il a mis sur sa tête le casque du salut ; il s'est revêtu des vêtements de la vengeance, et il s'est couvert de sa colère comme d'un manteau.

« Il se prépare à se venger, à punir dans sa colère ceux qui lui font la guerre, et à rendre à ses ennemis ce qu'ils méritent : il traitera les îles selon leurs œuvres. » (Chap. LIX.)

« Car voici ce que dit le Seigneur : Je vais faire couler sur elle comme un fleuve de paix ; je répandrai sur elle la gloire des nations comme un torrent qui se déborde ; vous sucerez son lait : on vous portera à la mamelle, et l'on vous caressera sur les genoux.

« Comme une mère caresse son enfant, ainsi je vous consolerai, et vous trouverez votre paix dans Jérusalem.

« Vous verrez ces choses, et votre cœur sera dans la joie : vos os mêmes reprendront une nouvelle vigueur comme l'herbe sèche repousse de nouveau, et le Seigneur fera connaître sa puissance en faveur de ses serviteurs, et il répandra sa colère sur ses ennemis.

« Car le Seigneur va paraître dans les feux, et son char viendra fondre comme la tempête, pour répandre son indignation et sa fureur, et pour exercer sa vengeance au milieu des flammes. » (Chap. LXVI.)

Voilà comment résonnait une lyre que le Maître même de la parole inspirait !

Et cette peinture sublime de la chute du roi de Babylone, du même prophète, traduite ainsi par L. Racine :

Roi cruel, ton aspect fit trembler les **lieux** sombres :
Tout l'enfer se troubla, les plus superbes ombres
      Coururent pour te voir.
Les rois des nations, descendant de leur trône,
      T'allèrent recevoir.
« Toi-même, dirent-ils, ô roi de Babylone,
« Toi-même, comme nous, te voilà donc percé !

    « Sur la poussière renversé,
    « Des vers tu deviens la pâture,
    « Et ton lit est la fange impure !

    « Comment es-tu tombé des cieux,
    « Astre brillant, fils de l'aurore ?
    « Puissant roi, prince audacieux,
    « La terre aujourd'hui te dévore.
    « Comment es-tu tombé des cieux,
    « Astre brillant, fils de l'aurore ?

Dans ton cœur tu disais : « A Dieu même pareil,
« J'établirai mon trône au-dessus du soleil ;
« Et près de l'aquillon, sur la montagne sainte,
      « J'irai m'asseoir sans crainte ;
« A mes pieds trembleront les humains éperdus ! »
      « Tu le disais... et tu n'est plus !

« Les passants qui verront ton cadavre paraître,
« Diront, en se baissant, pour te mieux reconnaître :
« Est-ce là ce mortel, l'effroi de l'univers ?.... etc. (1) »

(1) Chap. xxiv.

II

DE MOISE ET DE DAVID

Voici le début du célèbre Cantique de Moïse,
au peuple de Dieu, traduit et imité par Lefranc
de Pompignan :

Cieux, terre, écoutez-moi ; Jacob, faites silence !
Que mes discours touchants, que ma sainte éloquence
Pénètrent vos esprits, renouvellent vos cœurs !
Comme du haut des airs la féconde rosée,
Ranimant tous les fruits de la terre embrasée,
Relève l'herbe tendre et rafraîchit les fleurs !

Rendez hommage au Dieu que ma voix vous annonce,
Adorez les arrêts que sa bouche prononce :
Le sort de l'univers à ses pieds est écrit.
Tout ce qu'il fait est bien, tout ce qu'il veut est juste,
Il tient ce qu'il promet : faisons ce qu'il prescrit.

Et, du même poète, cette ode tirée du Psaume
cIII de David :

Inspire-moi de saints cantiques,
Mon âme, bénis le Seigneur :
Quels concerts assez magnifiques,
Quels hymnes lui rendront honneur !... etc.

Ainsi qu'un pavillon tissu d'or et de soie,
Le vaste azur des cieux sous sa main se déploie.

Il peuple leurs déserts d'astres étincelants ;
Les eaux autour de lui demeurent suspendues.
        Il foule aux pieds les nues
        Et marche sur les vents.
        Fait-il entendre sa parole ?
        Les cieux croulent, la mer gémit,
        La foudre part, l'aquilon vole,
        La terre en silence frémit.
        Du seuil des portes éternelles,
        Les légions d'esprits fidèles
        A sa voix s'élancent dans l'air ;
        Un zèle dévorant les guide,
        Et leur essor est plus rapide
        Que le feu brûlant de l'éclair... etc.

III

DU LIVRE DE JOB

Et je terminerai les extraits de la poésie bibli-
que, par un fragment du discours si admiré de
Dieu à Job. Je me sers de la traduction de M. de
Grandmaison :

De la mer mugissante as-tu creusé le fond,
Et promené tes pas en son gouffre profond ?
Est-ce toi dont les mains, l'agitant comme un verre,
Pour en chasser l'impie ont secoué la terre ?
Ton bras a-t-il ouvert les portes de la mort ?
Parle, si tu sais tout, dis-moi d'où la nuit sort ?
Quels palais radieux habite la lumière ?
Dirige l'une et l'autre en leur vaste carrière.

Apprends-moi le sentier qui mène à leurs séjours ;
Révèle-moi combien je t'ai compté de jours.
Rassemble des autans l'impétueux cortège ;
Ouvre-moi, si tu peux, les trésors de la neige ;
Et fais que mon tonnerre, à ta voix adouci,
Quand tu l'appelleras, réponde : Me voici !
Est-ce toi dont la main donna, par sa puissance,
A l'homme la sagesse, au coq la vigilance ?
Pourrais-tu raconter le grand ordre des cieux,
Et des astres errants le cours harmonieux ?... etc.

Je crois que voilà une splendide poésie !

DEUXIÈME SECTION

L'ANTIQUITÉ PAIENNE

HOMÈRE

Nous nous contenterons de citer les paroles
d'un grand écrivain, relativement à la poésie de
l'antiquité païenne, et à Homère en particulier.
Certes, cette poésie a de grandes beautés, mais
pour nous elle n'est pas l'idéal de la poésie,
comme la société qu'elle nous peint est loin d'être
la société idéale. Voici ces paroles remarquables :

« L'épopée homérique représente la religion,
les lois, les coutumes, les mœurs, la civilisation
enfin, telle qu'elle se développa chez les Grecs
sous l'influence dorienne. Récemment descendus
de leurs âpres montagnes, tout près encore de

7*

l'état grossier de leurs rudes ancêtres, ils offrent un mélange singulièrement poétique de barbarie et d'héroïsme, de passions farouches et de tendresse naïve, d'idées morales imparfaites, confuses, et des sentiments les plus délicats, des instincts les plus généreux. Leurs yeux, où tout à l'heure étincelait la colère, se mouillent des saintes larmes de la pitié. Les liens de la famille et ceux de la sympathie ont formé parmi eux la trame première, indestructible, de la société.

« Le père, la mère, l'époux, l'épouse, l'enfant, le frère, l'ami, tout a son modèle d'une vérité, d'une beauté presque inimitable, dans cette poésie simple et magnifique, qui tantôt vous émeut par la vive peinture des tristesses et des joies, des craintes et des espérances, des biens si fragiles, des maux si nombreux, des infortunes si amères de la vie et de ses soudaines catastrophes; tantôt vous égare au milieu des doux enchantements de la nature, dans les bois suspendus aux flancs des côteaux, le long d'un ruisseau qui serpente à travers de riantes plaines, ou d'un torrent qui tombe des rochers, en de frais vallons, en des champs couverts de jaunes épis qui plient et se relèvent sous les nuages mobiles chassés par les vents, et sur les rivages de la mer bruyante.

« Le charme de la langue sonore, accentuée, sa merveilleuse richesse, l'infinie variété de ses nuances, ajoute à ces prestiges un prestige nouveau. Tour à tour rapide, majestueuse, sombre, heurtée, gracieuse, suave, l'harmonie du vers peint à l'oreille ce qu'expriment les mots, soit que le père des dieux ébranle l'Olympe d'un mouvement de ses sourcils, soit que le souffle du temps détache de leur tige les générations humaines comme des feuilles d'automne (1). »

TROISIÉME SECTION

LES PREMIERS SIÈCLES CHRÉTIENS

SAINT PAULIN ET PRUDENCE

Je ne m'arrêterai pas à relater ici les travaux poétiques de plusieurs écrivains distingués des premiers siècles de l'Église, quoique ces divers poèmes ne manquent pas de mérite : ce sont le poète Commodianus, Prosper d'Aquitaine, Dracontius, saint Hilaire d'Arles, Marius Victor : ceux-ci s'attachent aux premiers souvenirs bibliques, à l'aimable simplicité du monde naissant; d'autres, comme Juvencus et Sédulius, se renferment dans l'histoire évangélique. Plus tard, nous voyons l'Anglo-Saxon Cadmon, prêtre et poète, chanter les origines du monde, et le moine Franc Ottfried écrire le grand poème de l'harmonie des Évangiles. Mais je ne m'arrête ni à eux ni aux saints Ambroise et Augustin, et j'arrive immédiatement aux poètes saint Paulin et Prudence, la gloire des premiers siècles chrétiens.

(1) *De l'Art et du Beau*, p. 237.

I

SAINT PAULIN, POÈTE

J'emprunterai sur ces deux poètes au critique catholique Ozanam les notions les plus intéressantes.

« Paulin, dit-il, était d'une grande famille romaine, sénatoriale même. Il était né aux environs de Bordeaux : c'était aux écoles de la Gaule qu'il avait trouvé la première éducation, et la Gaule avait alors les plus illustres maîtres de l'Occident. Le poète Ausone avait été le premier instituteur de la jeunesse de Paulin, et lui avait communiqué cet art des vers qu'il avait poussé jusqu'à une merveilleuse subtilité. Riche de son patrimoine et des domaines de sa femme, Paulin avait été revêtu de tous les honneurs : il était arrivé au consulat : enfin il n'était rien où, à l'âge de trente-six ans, il ne pût aspirer (1). »

A cette époque (398) à l'insu de toute l'aristocratie romaine, Paulin se fait chrétien, et se retire en Espagne. A ce moment il perd au bout de huit jours, un enfant. « Ce lien rompu brisa, dit notre guide, tous ceux qui attachaient Thérasia, sa femme, et lui aux choses de la terre. Tous deux résolurent de vendre leurs biens pour en distribuer le prix aux pauvres et de vivre de

____

(1) *Civilisation au Ve siècle, tome* II, p. 269.

la vie monastique, et cependant dans cette fraternité simple que les vieilles et respectables mœurs du christianisme ont autorisée. Aussi Thérasia sera la compagne, la sœur de la retraite de Paulin, et lorsqu'ils écriront aux grands de l'Église, ils signeront encore, *Paulinus et Therasia, peccatores,* Paulin et Thérasia, pécheurs. Ils se retirent donc, non pas en Espagne, mais au fond de l'Italie, à Nôle, en Campanie, auprès du tombeau de saint Félix, martyr, pour lequel Paulin avait conçu une dévotion singulière. C'est là qu'ils vécurent dans la pauvreté et la pénitence.

« La société temporelle le repoussait, dit Ozanam, la société spirituelle lui ouvrait les bras, et Jérôme, Augustin, Ambroise se félicitèrent de compter dans leurs rangs un grand Docteur de plus.

« En effet, Paulin devint un théologien considérable ; mais il y avait en lui quelque chose de plus : l'âme d'un poète.

« Ausone, en apprenant ce changement, lui avait écrit une lettre désolée. Du fond de sa retraite, saint Paulin répond en vers en ces termes :

« Pourquoi, ô mon père ! rappelles-tu en ma faveur les Muses que j'ai répudiées ? Ce cœur, consacré maintenant à Dieu, n'a plus de place pour Apollon ni pour les Muses. Je fus d'abord avec toi jadis pour appeler, non pas avec le même génie, mais avec la même ardeur, un Apollon sourd dans sa grotte de Delphes, et pour nommer les Muses des divinités, en demandant aux bois et aux montagnes ce don de la parole qui n'est accordé que par Dieu. Maintenant un plus grand Dieu subjugue mon âme. Mais-ajoute Paulin, rien ne t'arrachera de mon souvenir. Partout présent pour moi, je te verrai par la pensée, je t'embrasserai par l'âme!... etc. »

« Paulin, en effet, répudie l'inspiration des Muses païennes, mais il en connaît une plus puissante. Il n'abjure pas la poésie, au fond de sa solitude de Nôle; il se mêle encore à toutes les joies de ses amis, à toutes leurs douleurs, et partout où il y a une larme à essuyer, ou un bonheur à partager, les vers de Paulin arriveront.

« C'est ainsi, par exemple, que nous trouverons dans ses écrits un épithalame pour les noces de Julien et d'Ya, couple chrétien; et on ne saurait dire avec quel charme il salue ces deux époux vierges, que le Christ va unir, comme deux colombes pareilles au joug léger de son char. Il écarte bien loin ces divinités profanatrices, Junon et Vénus, mais il rappelle les justes, les vraies et touchantes maximes du mariage... et, à ces conditions, il promet à leurs noces la présence du Sauveur :

Tali conjugio cessavit servitus Evæ,
 Æquavitque suum libera Sara virum;
Tali lege suis nubentibus adstat Jesus
 Pronubus, et vini nectare mutat aquam.

« Plus loin, il adresse des consolations à des parents chrétiens sur la mort d'un enfant. Il représente ce même enfant se jouant dans les cieux avec celui qu'il a lui-même perdu, et dont la mémoire ne s'efface pas de son cœur, quoique, pénitent, il soit assis depuis tant d'années au tombeau de Nôle :

« Vivez, jeunes frères, vivez dans cet éternel partage ; couple charmant, habitez ces joyeuses demeures !... etc. »

Vivite participes, æternum vivite, fratres,
Et lætos dignum par habitate locos.

« Mais, dit encore l'illustre Ozanam, là où se retrouve surtout l'inépuisable épanchement de cette âme si tendre, c'est dans les dix-huit poèmes qu'il a composés pour l'anniversaire de la fête de saint Félix.

« Ce martyr, au service duquel Paulin s'était consacré, avait fini par attacher son âme par ce lien, dont parle l'Écriture, qui avait attaché l'âme de David à l'âme de Jonathas. Il ne saurait s'épuiser quand il s'agit de raconter la vie, les miracles, la fête, les honneurs de saint Félix, les pèlerinages qui se font à son tombeau, etc (1). »

Et, pour ma part, j'avoue que je suis touché de voir de nouveau que les saints, les premiers, savaient se passionner saintement pour l'honneur des martyrs et des saints.

1) Même ouvrage, tome II, p. 270 et suivantes.

Voici un passage de la description en vers d'une fête de saint Félix, par saint Paulin :

« Le peuple remplit les chemins de ses essaims bigarrés. On voit arriver les pèlerins de la Lucanie, de l'Apulie, de la Calabre, du Latium. Les Samnites mêmes descendent de leurs montagnes. La piété a vaincu l'âpreté des chemins *(vicit iter durum pietas)* ; ils n'ont point de cesse, et, incapables d'attendre le jour, ils cheminent à la lueur des torches. Non seulement ils portent leurs enfants dans leurs sacs, souvent aussi ils amènent leurs bêtes malades. Cependant les murs de Nôle semblent s'étendre, et égaler la cité reine qui garde les tombeaux de Pierre et de Paul. L'église resplendit du feu des lampes et des cierges. Les voiles blancs sont suspendus aux portes dorées ; on sème de fleurs le parvis, le portail est couronné de fraîches guirlandes, et le printemps est éclos au milieu de l'hiver... »

Puis le poète fait au martyr aimé cette touchante prière :

« Laisse-moi me tenir assis à tes portes, souffre que chaque matin je balaye tes parvis, que chaque soir je veille à leur garde ! Laisse-moi finir mes jours dans ces emplois que j'aime. Nous nous réfugions dans ton giron sacré. Notre nid est dans ton sein. C'est là que, réchauffés, nous croissons pour une meilleure vie, et, nous dépouillant du fardeau terrestre, nous sentons germer en nous quelque chose de divin, et naître les ailes qui nous égaleront aux anges.

Et tuus est nobis nido sinus. Hoc bene foti
Crescimus, inque aliam mutantes corpora, formam,
Terrena exuimur sorde, et, subeuntibus alis,
Vertimur in volucres divino semine verbi (1). »

Voilà, certes, de beaux vers, une noble poésie, cette poésie chrétienne pleine de vie et d'immortalité, cette poésie toujours riante, toujours heureuse, au milieu même des souffrances et des épreuves de ce monde ; elle a les grâces, la sécurité et le bonheur d'un enfant qui s'endort sur le sein de sa mère : pour le poète chrétien, cette mère toujours aimable et toujours aimée, c'est Dieu.

Et je m'empresse de transcrire ici les paroles suivantes d'Ozanam : elles mériteraient d'être gravées en lettres d'or, et d'ailleurs elles abondent dans le sens de tout ce petit traité.

« Voilà déjà longtemps, dit-il à ses auditeurs, que, de concert avec vous, j'étudie les poètes, et que je cherche, à travers l'histoire, ce que c'est que la poésie. Après tant d'années, je connais la poésie, mais je ne la définis pas : il m'est impossible d'arriver à considérer, pour ainsi dire, face à face, cette inconnue voilée à nos yeux, comparable à l'Amour dans l'histoire de Psyché, qui ne demeure qu'autant qu'il est invisible, dont la présence s'annonce par sa voix, par son accent, par les charmes mêmes dont il est entouré, mais qui s'échappe dès qu'on l'aperçoit. Ainsi la poésie existe pour moi : je reconnais sa présence. Et,

____

(1) St-Paul. Natalis III.

quand je rencontre quelque part cette grâce charmante de l'imagination, cette tendresse infinie du cœur, ce charme insaisissable et que l'art ne donne pas, cette alternative d'un divin sourire et de larmes divines, je déclare que la poésie est là, et je n'en doute pas un moment (1). »

D'où l'on pourrait définir la vraie poésie : une vue de l'infini, qui passe; ou encore : la trace du divin dans les choses humaines.

Et l'on trouve des gens assez fats et assez ignorants pour mépriser la poésie !

Dieu et le ciel sont la poésie complète : la poésie sur la terre, c'est un aperçu du Ciel. Oui, c'est vrai, l'art ne fait pas le poète, c'est un don, une flamme réservée : « *Nascuntur poetæ, fiant oratores:* on naît poète, on devient orateur. »

II

LE POÈTE PRUDENCE

« Voici donc un poète, dit Ozanam en parlant de saint Paulin, mais il n'est pas seul. A côté de lui, nous en trouvons un, moins tendre peut-être, dans lequel respire moins cette âme de Pétrarque, mais plus poète encore par l'abondance et la richesse de ses compositions : je veux dire Prudence.

« En effet, Paulin était surtout évêque, Père

____

(1) Même ouvrage, tome II, p. 277.

de l'Église; la poésie et la grâce lui étaient données par surcroît; mais le ministère, la fonction principale, l'unique vocation et la gloire de Prudence, ce fut d'être le poète des chrétiens.

« Né en Espagne, l'an 345, il avait passé par les écoles, où il avait appris l'art de l'éloquence. Après d'éclatants succès de barreau, après avoir gouverné deux villes, et avoir été comblé d'honneurs, Prudence, alors âgé de cinquante-sept ans, las des dignités et des affaires, résolut de retourner à Dieu (1).

La neige qui blanchissait déjà sa tête, l'avertissait, dit-il lui-même, qu'il était bien temps de consacrer à Dieu ce qui lui restait de forces :

« Il est temps de consacrer à Dieu le reste de sa voix, que les hymnes accompagnent les heures du jour, et que la nuit ne se taise point; que les hérésies soient combattues, la foi catholique discutée, l'insulte prodiguée aux idoles, les vers glorieux aux martyrs, la louange aux apôtres! » etc.

Prudence est un véritable poète lyrique: il a chanté les différentes solennités de l'Église et les anniversaires des martyrs avec une science et une variété de mètres qui rappellent celles d'Horace.

« Les deux caractères de sa poésie, dit Ozanam, sont la grâce et la force : la grâce paraît surtout lorsqu'il fait voir la terre prodiguant ses fleurs pour entourer et voiler le berceau du Sauveur;

______

(1) *Civilisation au Vᵉ siècle*, II, p. 279.

ou bien quand il décrit les saints Innocents, ces fleurs du martyre que l'épée a moissonnées, comme le tourbillon moissonne les roses naissantes, et qui, au ciel, sous l'autel même de Dieu, jouent, comme des enfants, avec leur palme et leur couronne. Et alors arrive une description du ciel qui, avec sa naïveté et son charme, nous fait assister d'avance aux plus admirables tableaux du pinceau de Fra Angelico, et je crois considérer déjà ces peintures, quand je vois Prudence représenter avec tant de grâces les âmes des bienheureux, qui s'en vont chantant en chœur et foulant à peine les lis de la prairie qui ne plient point sous leurs pieds.

« Mais la force du poète éclate bien davantage lorsqu'il décrit les combats des martyrs et s'anime, pour ainsi dire, de tout leur feu ; lorsqu'il représente saint Fructueux sur le bûcher, saint Hippolyte entraîné par des chevaux indomptés, ou bien saint Laurent sur le gril (1). »

Saint Laurent, ce diacre, serviteur des pauvres, a toujours été fort populaire à Rome : Prudence a chanté ce jeune saint avec enthousiasme, et en particulier il lui met sur les lèvres, au moment où il va rendre le dernier soupir, une prière sublime.

Et Ozanam conclut son jugement sur Prudence par ces paroles :

« Cet homme, dont j'admire les vers, ne restera jamais sans admirateurs. Le moyen âge lui

---

(1) Même ouvrage, tome II, p. 285.

rendra un culte égal à celui que reçoivent les plus illustres docteurs. Tous les écrivains du VII⁰ siècle se plaisent à emprunter ses vers pour servir d'exemples à côté des plus beaux de l'antiquité. Il est cité comme le plus illustre des poètes chrétiens. On voit enfin saint Brunon, archevêque de Cologne, au XI⁰ siècle, un des hommes les plus savants de la Germanie de ce temps, mettre un exemplaire de Prudence dans la bibliothèque de son église, et ce livre ne sortait pas de ses mains (1). »

Les jeunes lettrés chrétiens de notre temps même ont tort de ne pas l'étudier davantage !

QUATRIÈME SECTION

LE MOYEN AGE

DANTE ET PÉTRARQUE

Nous identifierons la poésie au moyen âge dans deux poètes, qui en sont deux splendides expressions, et pour en parler dignement, nous emprunterons à l'auteur *de l'Art et du Beau* son admirable pinceau :

« L'Italie, dit-il, produisit, dès le XIII⁰ siècle, le poète souverain, qui, de sa colossale hauteur, dominant tous les poètes venus depuis, ne

(1) Même ouvrage, tome II, p. 289.

peut être comparé qu'à lui-même. La *Divine Comédie* ne ressemble en aucune manière aux épopées des âges précédents. Toute théologique par le fond, elle emprunte le système entier des connaissances du temps, la philosophie, la science, étroitement liées à la doctrine dogmatiquement transmise.

« La poésie du Dante, sobre de mots, concise, nerveuse, rapide, et cependant d'une prodigieuse richesse, se transforme trois fois pour peindre les trois mondes auxquels aboutit celui qu'habite l'homme pendant sa vie présente. Sombre et terrible, lorsqu'elle décrit le royaume ténébreux, la cité du peuple perdu et de l'éternelle douleur, elle s'empreint, aux lieux où s'expient les fautes légères, où se ferment les plaies guérissables, d'une tristesse douce et pieuse, et semble, en ces régions sans astres, refléter les lueurs molles d'un jour à demi éteint; puis, tout à coup, s'élevant de ciel en ciel, traversant les orbites des soleils innombrables, elle se revêt d'une splendeur toujours plus éclatante, s'embrase d'une ardeur toujours plus pure, jusqu'à ce qu'elle se perde, par delà les dernières limites de l'espace, dans la lumière essentielle elle-même et l'amour incréé.

« Mais, en incarnant dans sa sublime poésie ces mondes invisibles, Dante y sut rattacher les évènements réels et les passions des hommes. Il les peignit à larges traits, et souvent d'un mot, d'un de ces mots puissants qui retentissent dans les abîmes du cœur et en réveillent tous les échos.

Il y a dans son poème des cris effrayants et d'affreux silences. Les âcres vapeurs du crime, de la haine immortelle, de la vengeance atroce, s'y mêlent aux plus suaves parfums de la tendresse et de l'innocence, des saintes affections et du céleste amour. Quelquefois le poète vous montre, comme à travers un voile, en quelques vers simples et mystérieux, tout un drame lamentable. Il exprime moins les sentiments qu'il ne les suscite, par une sorte de magique évocation, et lorsque, plein de ses pensées profondes, emporté par l'orage qui gronde au dedans de lui, on le croirait entièrement séparé de la nature, voilà que soudain, l'embrassant d'un regard, il en reproduit, avec sa parole flexible et brève, riche de reliefs et de couleurs, les plus ravissants aspects, les plus délicates nuances, les accidents les plus fugitifs.

« La tendance générale de l'épopée du Dante se confond avec celle du christianisme même, qui, soulevant l'homme des basses régions où maintenant il est confiné, lui imprime un mouvement d'ascension vers Dieu, terme infini de ses désirs et but final de son existence. Il l'excite à se dégager de ses biens matériels, à s'affranchir des sens, à vivre toujours plus de la vie propre de sa pure essence, à transformer ses passions terrestres, à les diviniser dans l'amour éternel et universel.

« Pétrarque, en un genre qui, bien que profane, a, par l'élément mystique qu'il renferme, des

affinités avec l'hymne, manifeste aussi cette tendance chrétienne. L'amour tout spirituel, qui,
dans ses mélodieuses élégies, soupire des accents
d'une tristesse si douce, si calme, si éthérée, ne
ressemble-t-il pas à l'amour des anges? Et que
trouverait-on chez les anciens à y comparer? (1) »

Oui, heureux, bienheureux les hommes, s'ils
comprennent ainsi la vie et la poésie profonde
qui l'emplit tout entière. Le poète, le vrai poète
la comprend de la sorte, et voilà pourquoi,
quelle que soit sa fortune, le poète est l'homme
le plus heureux de la terre, car c'est en lui que
respire le plus de divin.

———

CINQUIÈME SECTION

TEMPS MODERNES

LA POÉSIE EN FRANCE

Que l'on me permette de jeter un rapide coup
d'œil sur quelques poésies modernes en France,
non pour faire sur elles une étude complète, mais
pour citer seulement quelques noms chers aux
amateurs de poésie, pour rappeler des vers
admirables, et pour compléter notre Aperçu par
quelques citations qui confirmeront notre thèse
tout entière, et montreront une dernière fois
aux détracteurs de la poésie que la France aussi

(1) *De l'Art et du Beau*, p. 262 et suiv.

sait avoir de vrais poètes, et qu'au XIXe siècle même elle en peut posséder encore, à la condition cependant qu'ils puiseront à leurs sources vraies et immortelles l'inspiration et le génie.

I

POÈTES LATINS

Je rappellerai seulement l'injustice commise à l'égard des poètes latins qu'a possédés la France au XVIIe et au XVIIIe siècle : on les méconnaît, on en parle peu quand il s'agit de poésie, et cependant ils furent des hommes du plus grand mérite. J'ai devant moi un ouvrage intitulé : *De la poésie latine en France*, au siècle de Louis XIV, par M. l'abbé Vissac, docteur ès lettres (1). Ce livre est fort intéressant. Il démontre amplement le vrai mérite de nos poètes latins modernes, qui, à plusieurs égards, peuvent être comparés à nos poètes français de premier ordre, les Corneille, les Boileau, les Racine. Il raconte que le poète latin Vanière, se rendant à Paris, et ayant voulu passer par Lyon, l'académie de cette ville vint le recevoir en corps ; qu'à Paris il reçut de grands honneurs des ministres, des princes, du Roi même, et que sa visite à la bibliothèque royale fut consignée dans les registres comme un fait mémorable. Et sans nous étendre davantage, nous pouvons véritablement dire : quels hommes c'étaient que

(1) Chez Pélagaud, à Paris.

les Commire, les Huet, les Rapin, les Vanière, les Vavasseur, les Petit, les Santeuil, et plusieurs autres encore !

Mais je passe aux poètes français, et je cite, de Malherbe, cette ode remarquable. Il faut en effet obéir au poète qui a dit :

« Enfin Malherbe vint : »

II

MALHERBE

TOUT EST VANITÉ, HORS DE L'AMOUR DE DIEU.

N'espérons plus, mon âme, aux promesses du monde,
Sa lumière est un verre, et sa faveur une onde
Que toujours quelque vent empêche de calmer :
Quittons ces vanités, lassons-nous de les suivre ;
    C'est Dieu qui nous fait vivre,
    C'est Dieu qu'il faut aimer.

En vain, pour satisfaire à nos lâches envies,
Nous passons près des rois tout le temps de nos vies,
A souffrir des mépris, à ployer les genoux ;
Ce qu'ils peuvent n'est rien, ils sont ce que nous
    Véritablement hommes,   [sommes,
    Et meurent comme nous !

Ont-ils rendu l'esprit, ce n'est plus que poussière,
Que cette majesté si pompeuse et si fière,
Dont l'éclat orgueilleux étonnait l'univers ;
Et dans ces grands tombeaux où leurs ombres hautaines
    Font encore les vaines,
    Ils sont mangés des vers.

Là se perdent ces noms de maîtres de la terre,
D'arbitres de la paix, de foudres de la guerre :
Comme ils n'ont plus de sceptre, ils n'ont plus de flat-
Et tombent avec eux d'une chute commune,   [teurs ;
    Tous ceux que leur fortune
    Fit leurs adorateurs.

III

RACAN

Voici, du célèbre Racan, disciple de Malherbe,
des vers pleins d'une douce poésie :

Oh ! bienheureux celui qui peut, de sa mémoire,
Effacer pour jamais ce vain espoir de gloire
Dont l'inutile soin traverse nos plaisirs ;
Et qui, loin, retiré de la foule importune,
Vivant dans sa maison, content de sa fortune,
A, selon son pouvoir, mesuré ses désirs.
Il laboure le champ qu'a labouré son père ;
Il ne s'informe pas de ce qu'on délibère
Dans ces graves conseils d'affaires accablés.
Il voit sans intérêt la mer grosse d'orages,
Et n'observe des vents les sinistres présages
Que par le soin qu'il a du salut de ses blés.

Roi de ses passions, il a ce qu'il désire :
Son fertile domaine est son petit empire ;
Sa cabane est son Louvre et son Fontainebleau ;
Ses champs et ses jardins sont autant de provinces,
Et, sans s'inquiéter de la pompe des princes,
Il est content, chez lui, de les voir en tableau.....

Il ne recherche point, pour honorer sa vie,
De plus illustre mort, ni plus digne d'envie
Que de mourir au lit où ses pères sont morts...

IV

LOUIS RACINE

Je cite de Louis Racine, fils du grand poète,
deux morceaux, dont le premier est :

LE SAGE

Des passions sur moi je réprime l'empire.
Le monde à mes regards n'offre rien que j'admire.
Libre d'ambition, de soins débarrassé,
Je me plais dans le rang où le Ciel m'a placé.
Et pauvre sans regret, ou riche sans attache,
L'avarice jamais au sommeil ne m'arrache.
Je ne vais point, des grands esclave fastueux,
Les fatiguer de moi, ni me fatiguer d'eux.   [êtes !
Faux honneurs ! vains travaux ! vrais enfants que vous
Que de vide, ô mortels, dans tout ce vous faites !
Dégoûté justement de tout ce que je voi,
Je me hâte de vivre et de vivre avec moi.
Je demande, et saisis avec un cœur avide,
Ces moments que m'éclaire un soleil si rapide,
Dons à peine obtenus qu'ils nous sont emportés,
Moments que nous perdons, et qui nous sont comptés...

Et cet autre morceau du même poëte, que
j'intitulerai :

LE BONHEUR DU CIEL

Ah ! qui me donnera l'aile de la colombe !
Loin de ce lieu d'horreur, de ce gouffre de maux,
J'irais, je volerais dans le sein du repos.
Là, de ce corps impur les âmes délivrées,
De la joie ineffable à sa source enivrées,
Et riches de ces biens que l'œil ne saurait voir,
Ne demandant plus rien, n'ont plus rien à vouloir.
De ce royaume heureux Dieu bannit les alarmes,
Et des yeux de ses saints daigne essuyer les larmes.
C'est là qu'on n'entend plus ni plaintes ni soupirs ;
Le cœur n'a plus alors ni craintes ni désirs.
L'Église enfin triomphe ; et, brillante de gloire,
Fait retentir le ciel des chants de sa victoire.
Elle chante, tandis qu'esclaves désolés,
Nous gémissons encor sur la terre exilés.
Près de l'Euphrate assis, nous pleurons sur ses rives :
Une juste douleur tient nos langues captives.
Et comment pourrions-nous au milieu des méchants,
O céleste Sion, faire entendre tes chants ?
Hélas ! nous nous taisons : nos Lyres détendues
Languissent en silence aux saules suspendues.
Que mon exil est long ! ô tranquille cité !
Sainte Jérusalem ! ô douce éternité !
Quand irai-je au torrent de ta volupté pure,
Boire l'heureux oubli des peines que j'endure ?
Quand irai-je goûter ton adorable paix ?
Quand verrai-je ce jour qui ne finit jamais ?

V

CORNEILLE ET RACINE

Je ne m'étendrai pas sur ces deux grands poètes.

Je ne citerai d'eux que quelques vers, mais de ces vers qui font éternellement l'honneur de la poésie. Et d'abord de

I. — CORNEILLE.

Dans la tragédie de *Polyeucte,* Acte IV, Scène III :

POLYEUCTE :

J'ai de l'ambition, mais plus noble et plus belle :
Cette grandeur périt, j'en veux une immortelle,
Un bonheur assuré, sans mesure et sans fin,
Au-dessus de l'envie, au-dessus du destin.

Et un peu plus loin, Pauline lui dit :

Mais, courage, il s'émeut, je vois couler ses larmes.

POLYEUCTE.

J'en verse, et plût à Dieu qu'à force d'en verser,
Ce cœur trop endurci se pût enfin percer !
Le déplorable état où je vous abandonne,
Est bien digne des pleurs que mon amour vous donne ;
Et si l'on peut au ciel sentir quelques douleurs,
J'y pleurerai pour vous l'excès de vos malheurs. —
Seigneur, de vos bontés il faut que je l'obtienne ;
Elle a trop de vertus pour n'être pas chrétienne.
Avec trop de mérite il vous plut la former
Pour ne pas vous connaître et ne vous pas aimer.

Et plus loin :

PAULINE.

Quittez cette chimère, et m'aimez.

POLYEUCTE.

Je vous aime,
Beaucoup moins que mon Dïeu, mais bien plus que
[moi-même.

PAULINE.

Au nom de cet amour ne m'abandonnez pas.

POLYEUCTE.

Au nom de cet amour daignez suivre mes pas.

PAULINE.

C'est peu de me quitter, tu veux donc me séduire ?

POLYEUCTE.

C'est peu d'aller au ciel, je veux vous y conduire !

PAULINE.

Imagination !

POLYEUCTE.

Célestes vérités !

PAULINE.

Étrange aveuglement !

POLYEUCTE.

Éternelles clartés !

2. — RACINE.

J'ouvre ce poète célèbre, et ce n'est plus ici que l'embarras du choix.

PRIÈRE D'ESTHER.

O mon souverain roi,
Me voici donc tremblante et seule devant toi !
Mon père, mille fois, m'a dit, dans mon enfance,
Qu'avec nous tu juras une sainte alliance,
Quand, pour te faire un peuple agréable à tes yeux,
Il plut à ton amour de choisir nos aïeux :
Même tu leur promis de ta bouche sacrée,
Une postérité d'éternelle durée.
Hélas ! ce peuple ingrat a méprisé ta loi,
La nation chérie a violé sa foi :
Elle a répudié son époux et son père,
Pour rendre à d'autres dieux un honneur adultère ;
Maintenant elle sert sous un maître étranger ;
Mais c'est peu d'être esclave, on la veut égorger :
Nos superbes vainqueurs, insultant à nos larmes,
Imputent à leurs dieux le bonheur de leurs armes,
Et veulent aujourd'hui qu'un même coup mortel
Abolisse ton nom, ton peuple et ton autel...

Pour moi, que tu retiens parmi ces infidèles,
Tu sais combien je hais leurs fêtes criminelles,
Et que je mets au rang des profanations
Leur table, leurs festins et leurs libations ;
Que même cette pompe où je suis condamnée,
Ce bandeau dont il faut que je paraisse ornée,
Dans ces jours solennels à l'orgueil dédiés,
Seule, et dans le secret, je le foule à mes pieds ;
Qu'à ces vains ornements je préfère la cendre,
Et n'ai de goût qu'aux pleurs que tu me vois répandre.

Et plus loin :

ASSUÉRUS A ESTHER

Croyez-moi, chère Esther, ce sceptre, cet empire,
Et ces profonds respects que la terreur inspire,
A leur pompeux éclat mêlent peu de douceur,
Et fatiguent souvent leur triste possesseur.
Je ne trouve qu'en vous je ne sais quelle grâce
Qui me charme toujours et jamais ne me lasse.
De l'aimable vertu doux et puissants attraits !
Tout respire en Esther l'innocence ét la paix :
Du chagrin le plus noir elle écarte les ombres,
Et fait des jours sereins de mes jours les plus sombres.
Que dis-je ? sur ce trône assis auprès de vous,
Des astres ennemis je crains moins le courroux,
Et crois que votre front prête à mon diadème
Un éclat qui le rend respectable aux dieux même.

ACTE II, SCÈNE VII.

Et dans la tragédie d'Athalie, nous citerons cette énumération, la plus belle et la plus éloquente qui jamais ait signalé la verve d'un poète français,

8*

dit un critique distingué ; cette suite de vers dont chacun retrace, du style le plus précis et le plus énergique, un miracle fameux ou un mémorable trait d'histoire.

JOAD A ABNER :

Et quel temps fut jamais si fertile en miracles ?
Quand Dieu, par plus d'effets montra-t-il son pouvoir ?
Auras-tu donc toujours des yeux pour ne point voir,
Peuple ingrat ? Quoi ! toujours les plus grandes mer-
Sans ébranler ton cœur frapperont tes oreilles ? [veilles
Faut-il, Abner, faut-il vous rappeler le cours
Des prodiges fameux accomplis en nos jours :
Des tyrans d'Israël les célèbres disgrâces,
Et Dieu trouvé fidèle en toutes ses menaces ;
L'impie Achab détruit, et de son sang trempé,
Le champ que par le meurtre il avait usurpé ;
Près de ce champ fatal Jézabel immolée ;
Sous les pieds des chevaux cette reine foulée ;
Dans son sang inhumain les chiens désaltérés,
Et de son corps hideux les membres déchirés ;
Des prophètes menteurs la foule confondue,
Et la flamme du ciel sur l'autel descendue ;
Élie aux éléments parlant en souverain,
Les cieux par lui fermés et devenus d'airain,
Et la terre trois ans sans pluie et sans rosée ;
Les morts se ranimant à la voix d'Élisée ?
Reconnaissez, Abner, à ces traits éclatants,
Un Dieu tel aujourd'hui qu'il fut dans tous les temps ;
Il sait, quand il lui plaît, faire éclater sa gloire,
Et son peuple est toujours présent à sa mémoire.

ACTE Ier, SCÈNE I.

Il l'était dans ce temps ; il l'est encore aujour-
d'hui ; les impies l'ignorent : ils en auront des
preuves.

Et, enfin, les recommandations si touchantes
du grand prêtre Joad au jeune Joas, avant le
serment du jeune roi :

O mon fils, de ce nom j'ose encore vous nommer,
Souffrez cette tendresse, et pardonnez aux larmes
Que m'arrachent pour vous de trop justes alarmes.
Loin du trône nourri, de ce fatal honneur,
Hélas ! vous ignorez le charme empoisonneur ;
De l'absolu pouvoir vous ignorez l'ivresse,
Et des lâches flatteurs la voix enchanteresse.
Bientôt ils vous diront que les plus saintes lois
Maîtresses du vil peuple, obéissent aux rois ;
Qu'un roi n'a d'autre frein que sa volonté même,
Qu'il doit immoler tout à sa grandeur suprême !..
Hélas ! ils ont des rois égaré le plus sage.
Promettez sur ce livre, et devant ces témoins,
Que Dieu fera toujours le plus grand de vos soins ;
Que, sévère aux méchants, et des bons le refuge,
Entre le pauvre et vous, vous prendrez Dieu pour juge :
Vous souvenant, mon fils, que, caché sous ce lin,
Comme eux vous fûtes pauvre et comme eux orphelin.

JOAS *(la main étendue sur le Livre saint.)*

Je promets d'observer ce que la loi m'ordonne.
Mon Dieu, punissez-moi si je vous abandonne !

ACTE IV, SCÈNE III.

VI

DE FONTANES

Je cite ces vers tirés du beau poëme de cet auteur sur le jour des Morts. La Harpe, qui s'y connaissait, a dit qu'ils sont vingt des plus beaux vers de la langue française. Ils peignent admirablement le moment le plus auguste du saint Sacrifice célébré dans une église de campagne.

O moment solennel ! ce peuple prosterné,
Ce temple dont la mousse a couvert les portiques,
Ses vieux murs, son jour sombre et ses vitraux gothiques,
Cette lampe d'airain qui, dans l'antiquité,
Symbole du soleil et de l'éternité,
Luit devant le Très-Haut, jour et nuit suspendue,
La majesté d'un Dieu, parmi nous descendue,
Les pleurs, les vœux, l'encens qui monte vers l'autel,
Et de jeunes beautés qui, sous l'œil maternel,
Adoucissent encore, par leur voix innocente,
De la religion la pompe attendrissante ;
Cet orgue qui se tait, ce silence pieux,
L'invisible union de la terre et des cieux,
Tout enflamme, agrandit, émeut l'homme sensible :
Il croit avoir franchi ce monde inaccessible,
Où, sur des harpes d'or, l'immortel séraphin
Aux pieds de Jéhovah chante l'hymne sans fin.
Alors de toute part un Dieu se fait entendre ;
Il se cache aux savants, se révèle au cœur tendre :
Il doit moins se prouver qu'il ne doit se sentir.

VII

CHATEAUBRIAND

La poésie n'exclut pas la prose : l'illustre Châteaubriand en est un exemple. Nous nous contenterons de citer de lui le passage suivant que nous intitulerons :

LA POÉSIE DES RUINES
DANS LES MONUMENTS RELIGIEUX.

Il n'est aucune ruine d'un effet plus pittoresque que ces débris : sous un ciel nébuleux, au milieu des vents et des tempêtes, au bord de cette mer dont Ossian a chanté les orages, leur architecture gothique a quelque chose de grand et de sombre, comme le Dieu du Sinaï, dont elle perpétue le souvenir.

Assis sur un autel brisé, dans les Orcades (nord de l'Écosse), le voyageur s'étonne de la tristesse de ces lieux. Un Océan sauvage, des syrtes embrumées, des vallées où s'élève la pierre d'un tombeau, des torrents qui coulent à travers la bruyère, quelques pins rougeâtres jetés sur la nudité d'un morne flanqué de couches de neige, c'est tout ce qui s'offre aux regards. Le vent circule dans les ruines, et leurs innombrables jours deviennent autant de tuyaux d'où s'échappent des plaintes : l'orgue avait jadis moins de soupirs sous ces voûtes religieuses. De longues herbes tremblent aux ouvertures ; on voit fuir la nue et planer l'oiseau des terres boréales. Quelquefois, égaré dans sa route, un vaisseau, caché sous ses voiles arrondies, comme un esprit des eaux voilé de ses ailes, sillonne les vagues désertes ; sous le souffle de l'aquilon, il semble se prosterner à chaque pas, et saluer les mers qui baignent les débris du temple de Dieu.

Ils ont passé sur ces plages inconnues, ces hommes qui adoraient la Sagesse qui s'est promenée sous les flots. Tantôt, dans leurs solennités, ils s'avançaient le long des grèves, en chantant avec le Psalmiste :

« Comme elle est vaste cette mer qui étend au loin ses bras spacieux ! »

Tantôt, assis dans la grotte de Fingal, près des soupiraux de l'Océan, ils croyaient entendre cette voix, qui disait à Job :

« Savez-vous qui a renfermé la mer dans des digues, lorsqu'elle se débordait en sortant comme du sein de sa mère ? »

La nuit, quand les tempêtes de l'hiver étaient descendues, quand le monastère disparaissait dans des tourbillons, les tranquilles cénobites, retirés au fond de leurs cellules, s'endormaient au murmure des orages, heureux de s'être embarqués dans ce vaisseau du Seigneur qui ne périra point !..

Saints ermites, qui pour arriver à des retraites plus fortunées vous étiez exilés sous les glaces du pôle, vous jouissez maintenant du fruit de vos sacrifices ! S'il est parmi les anges, comme parmi les hommes, des campagnes habitées et des lieux déserts, de même que vous ensevelîtes vos vertus dans les solitudes de la terre, vous aurez sans doute choisi les solitudes célestes pour y cacher votre bonheur ! (1) »

Voilà, si je ne me trompe, une profonde et large poésie !

(1) *Génie du Christianisme*, Ire partie, livre V, chap. VI.

VIII

LAMARTINE

Je ne citerai de ce grand poète que quelques vers de son poème de Jocelyn. Ce poème cependant est loin d'être irréprochable. Lamartine aurait pu être le grand poète, l'interprète de Dieu et de la religion : il ne l'est pas, tout en restant un grand poète. Jocelyn se ressent de ces défaillances de la pensée de l'auteur, et, quoique imprégné d'un sentiment profondément religieux et malgré les intentions de Lamartine, c'est un ouvrage d'une lecture dangereuse. Il contient néanmoins un grand nombre de vers admirables : en voici quelques-uns, qui nous offrent la poésie dont nous parlons dans cet aperçu.

LE PRESBYTÈRE DE JOCELYN

Des travaux journaliers voilà d'abord l'asile,
Où le feu du foyer s'allume, où Marthe file :
Marthe, meuble vivant de la sainte maison,
Qui suivit dans le temps son vieux maître en prison,
Pauvre fille, à ces murs trente ans enracinée,
Partageant leur prospère ou triste destinée,
Me servant sans salaire et pour l'honneur de Dieu,
Surveillant à la fois la cure et le saint lieu,
Et qui, voyant de Dieu l'image dans son maître,
Croit s'approcher du ciel en vivant près du prêtre.....
La chaise où je m'assieds, la natte où je me couche,

La table où je técris, l'âtre où fume une souche,
Mon bréviaire vêtu de sa robe de peau,
Mes gros souliers ferrés, mon bâton, mon chapeau,
Mes livres pêle-mêle entassés sur leur planche,
Et les fleurs dont l'autel se pare le dimanche,
De cet espace étroit sont tout l'ameublement.
Tout ! — Oh ! non ! J'oubliais son divin ornement,
Qui surmonte tout seul mon humble cheminée,
Ce Christ, les bras ouverts et la tête inclinée,
Cette image de bois du Maître que je sers,
Céleste ami qui seul me peuple ces déserts ;
Qui, lorsque mon regard le visite à toute heure,
Me dit ce que j'attends dans cette âpre demeure,
Et recevant souvent mes larmes sur ses pieds,
Fait resplendir sa paix dans mes yeux essuyés.
Ce Christ, tu le connais ; c'est celui que ma mère
Colla dans l'agonie aux lèvres de mon père ;   [jour,
C'est celui que, plus tard, moi-même, en un grand
Au pur sang d'un martyr, je teignis à mon tour.
D'autres lèvres encore il conserve la trace,
Et Dieu sait de combien de pitié je l'embrasse !...

   (Chaque matin)
  Je convoque à l'autel les maisons d'alentour ;
Des vieillards, des enfants, quelques pieuses femmes,
Ceux qui sentent de Dieu plus de soif dans leurs âmes,
D'un cercle rétréci m'entourent à genoux :
Le Dieu de l'humble foi descend du ciel sur nous...
Du Maître en peu de mots j'explique la parole :
Ce peuple du sillon aime la parabole,
Poème évangélique, où chaque vérité
Se fait image et chair par sa simplicité.
Lorsque j'ai célébré le pieux sacrifice,
J'enseigne les enfants, je me fais leur nourrice ;
Je donne goutte à goutte à leurs lèvres le lait

D'une instruction simple et tendre, et qui leur plaît.
Je rentre; etc.
Tantôt, las de sonder de profondes merveilles,
Je livre aux bardes saints mon âme et mes oreilles;
J'écoute avec le cœur ces chœurs mélodieux,
Qui se brisant à terre en retombant des cieux,
En soupirs immortels sur la harpe éclatèrent,
Et pour diviniser leurs plaintes, les chantèrent.
Oh! de l'humanité ces hommes sont la voix;
Les mots harmonieux s'ordonnent à leur choix,
Comme au signe de Dieu s'ordonnent ses ouvrages,
Et vibrent en musique ou brillent en images;
Leurs vers ont des échos cachés dans notre cœur.

Et pour terminer :

LA MORT DE JOCELYN,

OU LA MORT D'UN PRÊTRE.

« Marthe! dis-je, est-il vrai ?... » Se levant à ma voix,
Et s'essuyant les yeux du revers de ses doigts :
« Trop vrai! Montez, Monsieur; on peut le voir encore :
On ne doit l'enterrer que demain à l'aurore. »
Et je montai. La chambre était déserte et sombre;
Deux cierges seulement en éclaircissaient l'ombre,
Et mêlaient sur son front les funèbres reflets,
Aux rayons d'or du soir qui perçaient les volets,
Comme luttent entre eux, dans la sainte agonie,
L'immortelle espérance et la nuit de la vie :
Son visage était calme et doux à regarder;
Ses traits pacifiés semblaient encore garder
La douce impression d'extases commencées;

Il avait vu le ciel déjà dans ses pensées,
Et le bonheur de l'âme en prenant son essor,
Dans son divin sourire était visible encor.
Un drap blanc, recouvert de sa soutane noire,
Paraît son lit de mort ; un crucifix d'ivoire
Reposait dans ses mains sur son sein endormi,
Comme un ami qui dort sur le cœur d'un ami ;
Et couché sur les pieds du maître qu'il regarde,
Son chien blanc, inquiet d'une si longue garde,
Grondait au moindre bruit, et, las de le veiller,
Écoutait si son souffle allait se réveiller.
Près du chevet du lit, selon le sacré rite,
Un rameau de buis sec trempait dans l'eau bénite,
Ma main avec respect le secoua trois fois,
En traçant sur le corps le signe de la croix ;
Puis je baisai les pieds et les mains. Le visage
De l'immortalité portait déjà l'image...
Près du seuil de l'église, au coin du cimetière,
Dans la terre des morts nous couchâmes la bière ;
Chacun des villageois jeta sur le cercueil
Un peu de terre sainte en signe de son deuil ;
Tous pleuraient en passant et regardaient la tombe
S'affaisser lentement sous la terre qui tombe :...
Quand ce fut à mon tour : « O saint ami, lui dis-je,
Dors !...
  Je sais qu'en ce moment mon ami n'est plus là...
Il est où ses vertus ont allumé leur flamme ;
Il est où ses soupirs ont devancé son âme ! »
Je dis ; et tout le soir, attristant ces déserts,
La cloche en gémissant le pleura dans les airs,
Et, mêlant à ses glas des aboiements funèbres,
Son chien, qui l'appelait, hurla dans les ténèbres.

Voilà, certainement, des vers chrétiens, et l'on
touche ici du doigt combien l'inspiration reli-

gieuse est favorable au génie. Lamartine avait une trop belle intelligence et un cœur trop noble pour ne pas aimer le prêtre ; aujourd'hui il en est plusieurs qui le détestent ; ils l'aimeraient comme lui s'ils le connaissaient mieux, et ils le connaî- traient mieux si, au lieu de le déchirer par système ou par intérêt, ils cherchaient de bonne foi à voir ce qu'il est réellement.

IX

A. DE MUSSET

Nous terminerons notre Aperçu en citant quel- ques vers de ce poète célèbre, mais, hélas ! bien dévoyé. Il était, a-t-on dit, taillé dans le granit avec lequel on sculpte les géants, malheureuse- ment ses passions et ses fautes l'ont complètement égaré, et ses poésies sont généralement si immo- rales qu'on ne peut pas les lire. Il a fait lui-même cet aveu bien capable de faire frissonner la jeunesse imprudente de ce siècle :

« Empoisonné, dès l'adolescence, par les écrits des Encyclopédistes, j'y avais sucé de bonne heure le lait stérile de l'impiété. L'orgueil hu- main, ce Dieu de la folie et de l'égoïsme, fermait ma bouche à la prière. Quels misérables sont les hommes qui ont jamais fait une raillerie de ce qui peut sauver un être ! Je suis né dans un siècle impie et j'ai beaucoup à expier. Pardonne, ô Christ, à ceux qui blasphèment ! »

J'ai hâte de dire qu'il s'est repenti et qu'il est mort chrétiennement, leçon touchante pour tant d'hommes de ce temps, de jeunes gens même, consumés chaque jour misérablement par cette véritable maladie, cette réelle infirmité de l'indifférence religieuse et de l'incrédulité, source fatale de tous les maux pour l'individu, comme pour notre société moderne !

Je cite donc de Musset, non que j'approuve toutes ses pensées, évidemment, mais pour montrer ce qu'il pouvait faire, et comment sait s'exprimer la vraie poésie.

Et d'abord, il nous dit ce qu'est la poésie, car il était, lui, véritablement poète :

Celui qui ne sent pas, quand tout est endormi,
Quelque chose qui l'aime errer autour de lui ;
Celui qui n'entend pas une voix éplorée
Murmurer dans la source et l'appeler ami ;...

Celui qui ne sait pas, durant les nuits brûlantes,
Se lever en sursaut, sans raison, les pieds nus,
Marcher, prier, pleurer des larmes ruisselantes,
Et devant l'infini joindre des mains tremblantes,
Le cœur plein de pitié pour des maux inconnus ;

Que celui-là rature et barbouille à son aise ;
Il peut, tant qu'il voudra, rimer à tour de bras,
Traînant à ses talons tous les sots d'ici-bas :
Grand homme, si l'on veut ; mais poète, non pas !...

Est-il, je le demande, un plus triste souci
Que celui d'un niais qui veut dire une chose,
Et qui ne la dit pas, faute d'écrire en prose ?...

Non, je ne connais pas de métier plus honteux,
Plus sot, plus dégradant pour la pensée humaine,
Que de se mettre ainsi la cervelle à la gêne,
Pour écrire trois mots quand il n'en faut que deux, etc.

Et cela est l'exacte vérité, car le poète, lui, n'écrit pas en vers uniquement pour faire des vers : il le fait aussi naturellement que l'oiseau chante et que le soleil luit : c'est un fruit mûr qui tombe de l'arbre.

Mais continuons. Voici encore quelques belles pensées :

C'est la Muse qui instruit le poète :

......Ta douleur est à Dieu.

Quel que soit le souci que ta jeunesse endure,
Laisse-la s'élargir, cette sainte blessure
Que les noirs séraphins t'ont faite au fond du cœur;
Rien ne nous rend si grand, qu'une grande douleur.
Mais, pour en être atteint, ne crois pas, ô poète,
Que ta voix ici-bas doive rester muette.
Les plus désespérés sont les chants les plus beaux,
Et j'en sais d'immortels qui sont de purs sanglots.

Apostrophant l'impiété contemporaine, il dit :

Vous vouliez pétrir l'homme à votre fantaisie ;   [fait;
Vous vouliez faire un monde. — Eh ! bien vous l'avez
Votre monde est superbe, et votre homme est parfait !
Les monts sont nivelés, la plaine est éclaircie ;
Vous avez sagement taillé l'arbre de vie :
Tout est bien balayé sous vos chemins de fer,
Tout est grand, tout est beau,.. mais on meurt dans
                              [votre air...!

Et avant :

Cloîtres silencieux, voûtes des monastères,
C'est vous, sombres caveaux, vous qui savez aimer !
Ce sont vos froides nefs, vos pavés et vos pierres,
Que jamais lèvre en feu n'a baisés sans pâmer...
Oui, c'est un vaste amour qu'au fond de vos calices
Vous buviez à pleins cœurs, moines mystérieux !
La tête du Sauveur errait sur vos cilices
Lorsque le doux sommeil avait fermé vos yeux,
Et quand l'orgue chantait aux rayons de l'aurore,
Dans vos vitraux dorés vous la cherchiez encore :
Vous aimiez ardemment ! oh ! vous étiez heureux !

De Musset n'était donc pas incrédule : il s'en fallait ! Combien l'imitent tous les jours, qui ne sont irréligieux que parce qu'ils n'ont pas le courage de rejeter le manteau d'orgueil, de respect humain ou d'autres passions, qui écrase leur foi chrétienne vivante encore cependant au fond de leur âme baptisée.

Et je mettrai fin à ces citations en transcrivant les vers suivants d'une poésie si riche et si étincelante : on comprend facilement d'ailleurs que cette ruine du règne du Christ dont parle l'auteur n'existait que dans sa pensée malade ; le Christ présidera aux funérailles de bien d'autres de Mussets de la pensée ou de la puissance !

Regrettez-vous le temps où, d'un siècle barbare,
Naquit un siècle d'or, plus-fertile et plus beau ?
Où le vieil univers fendit avec Lazare
De son front rajeuni la pierre du tombeau ?
Regrettez-vous le temps où nos vieilles romances

Ouvraient leurs ailes d'or vers leur monde enchanté,
Où tous nos monuments et toutes nos croyances
Portaient le manteau blanc de leur virginité ;
Où sous la main du Christ tout venait de renaître ;
Où le palais du prince, et la maison du prêtre,
Portant la même croix sur leur front radieux,
Sortaient de la montagne en regardant les cieux ;
Où Cologne et Strasbourg, Notre-Dame et Saint-Pierre,
S'agenouillant au loin dans leurs robes de pierre,
Sur l'orgue universel des peuples prosternés,
Entonnaient l'hosanna des siècles nouveaux-nés :
Le temps où se faisait tout ce qu'a dit l'histoire...

O Christ ! je ne suis pas de ceux que la prière
Dans tes temples muets amène à pas tremblants ;
Je ne suis pas de ceux qui vont à ton Calvaire,
En se frappant le cœur, baiser tes pieds sanglants ;
Et je reste debout sous tes sacrés portiques,
Quand ton peuple fidèle, autour des noirs arceaux,
Se courbe en murmurant sous le vent des cantiques,
Comme au souffle du nord un peuple de roseaux.
Je ne crois pas, ô Christ ! à ta parole sainte :
Je suis venu trop tard dans un monde trop vieux ;
D'un siècle sans espoir naît un siècle sans crainte...
Les clous du Golgotha te soutiennent à peine ;
Sous ton divin tombeau le sol s'est dérobé :
Ta gloire est morte, ô Christ ! et sur nos croix d'ébène
Ton cadavre céleste en poussière est tombé !

Eh bien ! qu'il soit permis d'en baiser la poussière
Au moins crédule enfant de ce siècle sans foi,
Et de pleurer, ô Christ ! sur cette froide terre
Qui vivait de ta mort, et qui mourra sans toi !
Oh ! maintenant, mon Dieu, qui lui rendra la vie ?

Du plus pur de ton sang tu l'avais rajeunie;
Jésus, ce que tu fis, qui jamais le fera ?
Nous, vieillards nés d'hier, qui nous rajeunira ?...

Ne voyez-vous pas que le pauvre poète prouve bien plus sa foi et son amour de Jésus qu'autre chose ? Seulement, comme tant de pauvres âmes errantes par le monde, il est malade, et son discours, comme ceux des malades, n'est guère qu'un tissu de contradictions, digne d'une profonde pitié. Oh ! venez donc, pauvres de Mussets du XIXe siècle, venez, venez sans crainte à ce Christ, à ce Jésus dont, petits enfants, vous bégayiez le doux nom sur les genoux de votre tendre et chrétienne mère; il est le Dieu des enfants et des vieillards, et c'est près de lui, seulement, que toutes les plaies sont fermées, tous les maux guéris et toutes les larmes essuyées !

CONCLUSION

Et quelques conseils importants, dont j'emprunte l'expression à un auteur distingué, Monsieur l'abbé Pinard, seront la conclusion de tout cet ouvrage :

« L'œuvre de l'homme, dit-il, la poésie surtout, demande un travail consciencieux, la méditation et la solitude. Si le vers de Virgile est empreint de cette mélancolie touchante que nous ne trouvons pas toujours dans Racine lui-même, c'est que le premier, par infortune ou par goût, passa une partie de sa vie au milieu des champs, tandis que le second vécut souvent au milieu du monde et à la cour.

« Poètes, vous avez choisi un sujet difficile : voulez-vous réussir ? — Éloignez-vous du bruit, sortez du monde, du moins pour quelque temps. Allez rêver sur des bords solitaires, à l'ombre d'une forêt ; venez prier dans nos vieilles cathédrales, au pied de la croix, auprès des tombeaux.

Demandez aux enfants mêmes de la solitude la pratique difficile du silence et de la méditation...

« Vous voulez peindre la nature? auparavant apprenez à la connaître. Vous désirez parler de l'homme? rentrez en vous-mêmes et consultez votre cœur. Votre pensée aspire à s'élever jusqu'à Dieu? écoutez donc ce qu'en dit la Religion. Vous voudriez que votre œuvre eût de l'avenir : mais vous ne pouvez en quelques instants conquérir l'immortalité. »

TABLE DES MATIÈRES

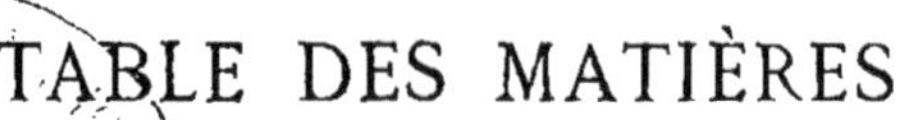

PREMIÈRE PARTIE

Avis préliminaire.   1
Situation au 1ᵉʳ janvier 1879   7
Premières approbations et encouragements.   11
Avertissement.   13
La vie et la mort de M. Bécourt   17

APPENDICES

I. Lettres de félicitations et d'encouragement reçues
   par M. le Curé de Dugny   33
II. Églises où la cause de M. Bécourt a été recommandée avec succès.   36
III. Noms des ecclésiastiques qui ont bien voulu
   souscrire généreusement pour le monument de
   M. Bécourt   36

NOTES

I. Sur M. Bécourt :

Testament spirituel de M. Bécourt   39
Mort de M. Bécourt.   41
Les droits au titre de martyr   43

II. Sur les martyrs :

Lettre du Père Clerc, jésuite, sur la sainte Eucharistie
   possédée dans la prison   46
M. l'abbé Seigneret dans la prison. — Ses lettres
   admirables   49

DEUXIÈME PARTIE

Dédicace de mes vers à M. Bécourt   55
Comment le prêtre peut écrire en vers   57
Le poète   58

Paraphrase de la pièce précédente faite par M. Dujonc-
quoy-Féau, d'Orléans, ami de l'auteur 62
Le prêtre. — Pour une première Messe, à Pussay . . 65
A M. l'abbé A. Buffet, décédé quatre ans après, Curé de
Saint-Basile, à Étampes. — Pour le jour de sa fête . 69
Au même 72
Au très-saint et très-adorable Cœur de Jésus 75
La Mère 79
L'Enfant 83
A Mᵐᵉ Julie B.-D., à P***, pour la naissance de sa fille
Léonie-Louise-Marie. 86
Maurice. — A Maurice R..., pour son baptême, le
6 septembre 1878, fête du Saint-Rosaire, à Saint-
Laurent, à Paris 88
Raphaela. — A M. et Mᵐᵉ A. R., pour le baptême de
leur fille Raphaëla, baptisée à Saint-Merry, le 20 fé-
vrier 1878 90
La Veuve 92
Visite à l'ancien cimetière, à Vichy. — A un jeune homme
qui m'avait demandé d'aller prier sur la tombe de son
père, inhumé à Vichy. 15 juin 1874 96
Les Morts. — Vers inspirés par la sonnerie nocturne de
la veille des morts, le soir de la Toussaint 99

TROISIÈME PARTIE

Aperçu sur l'importance philosophique et religieuse de
la vraie poésie 103

CHAPITRE PREMIER

De l'usage universel de la poésie au moyen âge . . . 105

CHAPITRE DEUXIÈME

De la nature de la vraie poésie. 108

CHAPITRE TROISIÈME

Éloge que les plus beaux esprits dans tous les temps font
de la poésie 123

CHAPITRE QUATRIÈME

Antiquité, utilité de la forme poétique   131

CHAPITRE CINQUIÈME

Coup d'œil rapide sur les plus belles œuvres poétiques de
tous les temps   142
Ire SECTION. — La poésie de la Bible   143
   I. — Du prophète Isaïe.   146
   II. — De Moïse et de David   151
   III. — Du livre de Job   152
IIe SECTION. — L'antiquité païenne. — Homère . . .   153
IIIe SECTION. — Les premiers siècles chrétiens. — Saint
Paulin et Prudence   155
   I. — Saint Paulin, poète   156
   II. — Le poète Prudence   162
IVe SECTION. — Le moyen âge. — Dante et Pétrarque .   165
Ve SECTION. — Les temps modernes. — La poésie en
France   168
   I. — Poètes latins   169
   II. — Malherbe   170
   III. — Racan   171
   IV. — Louis Racine   172
   V. — Corneille et Racine   173
   VI. — De Fontanes   180
   VII. — Chateaubriand   181
   VIII. — Lamartine   183
   IX. — A. de Musset   187
   Conclusion   193

Paris. Imp. de l'Œuvre de Saint-Paul, 51, rue de Lille,

Paris. — Imp. de l'Œuvre de St-Paul, Soussens et Cie, ..., rue de Lille.

www.ingramcontent.com/pod-product-compliance
Ingram Content Group UK Ltd.
Pitfield, Milton Keynes, MK11 3LW, UK
UKHW022216120726
13694UKWH00002B/578